Rund um *Krabat*

Kopiervorlagen für den Deutschunterricht

Herausgegeben von
Ute Fenske

Erarbeitet von
Peter Mareis und Christian Rühle

Redaktion: Dirk Held, Berlin

Umschlaggestaltung: Katrin Nehm
Umschlagillustrationen: Sylvia Graupner, Annaberg; Friederike Keup, München
Technische Umsetzung: Julia Walch, Bad Soden
Illustrationen: Friederike Keup, München; Egbert Herfurth, Leipzig

www.cornelsen.de

1. Auflage, 4. Druck 2016

Alle Drucke dieser Auflage sind inhaltlich unverändert
und können im Unterricht nebeneinander verwendet werden.

© 2003 Cornelsen Verlag, Berlin
© 2014 Cornelsen Schulverlage GmbH, Berlin

Druck: H. Heenemann, Berlin

ISBN 978-3-464-61591-1

Inhaltsverzeichnis

Biografie und Werk

„Krabat" verstehen

Hintergrundinformationen

Produktive Auseinandersetzung mit dem Werk

Vorwort

Otfried Preußler ist der Autor vieler berühmter Kinder- und Jugendbücher. „Die kleine Hexe", „Der kleine Wassermann" oder „Der Räuber Hotzenplotz" sind fast jedem im deutschen Sprachraum und weit darüber hinaus ein Begriff. Der mit vielen Preisen ausgezeichnete und in über dreißig Sprachen übersetzte „Krabat" kann jedoch als eines der Hauptwerke des Autors bezeichnet werden.

Otfried Preußler hat über zehn Jahre an seiner Version der sorbischen Krabat-Sage gefeilt. Im „Krabat" verbindet sich die Kraft einer alten Sage mit der großen Erzählkunst des Autors.

Diese Erzählkunst zeigt sich in der Bearbeitung des Stoffes, der Konstruktion der Geschichte, der Behandlung der Sprache, im Detailwissen Preußlers und nicht zuletzt im Verständnis für sein jugendliches Lesepublikum.

Alle diese Punkte können mit „Rund um Krabat" anschaulich und häufig handlungsorientiert auch in unteren Klassen der Sekundarstufe I erarbeitet werden.

Das Kapitel „Biografie und Werk" versucht zunächst Otfried Preußler und seine Literatur vorzustellen, wobei ein Schwerpunkt darauf liegt, dass Schüler erfahren, wie man sich die Arbeit eines Autors vorzustellen hat. Die Kopiervorlagen werfen also auch einen Blick in die „Werkstatt" des Autors.

Der zweite Schritt widmet sich dem vertieften inhaltlichen Verständnis des „Krabat". Es geht einerseits um die Inhaltssicherung von Gelesenem, andererseits werden Teilthemen herausgearbeitet, die in der Erzählung enthalten und für die Schülerinnen und Schüler von persönlicher Bedeutung sind: Macht und Ohnmacht, Zivilcourage, Liebe und ihr Zauber, Träume und vieles mehr.

Trotz dieser Lebensbezüge liegt der „Krabat" für seine Leser zeitlich und kulturell fern. Das dritte Kapitel widmet sich daher speziell der Aufgabe, das Verständnis für die Kultur der Sorben und die Zeit Krabats herzustellen.

Das letzte Kapitel will zum produktiven Umgang mit der literarischen Vorlage anleiten.

Alle Seitenverweise auf den Originaltext beziehen sich auf die Schulausgabe: Otfried Preußler: Krabat © 1988 by Thienemann Verlag (Thienemann Verlag GmbH), Stuttgart/Wien.

Wir wünschen zauberhafte Stunden mit „Rund um Krabat"!

Methodische Hinweise

Die Kopiervorlagen in diesem Heft können sowohl einzeln eingesetzt als auch zu Unterrichtseinheiten kombiniert werden. Dazu wurden die Kopiervorlagen zu Themenkreisen zusammengestellt.

Da, wo die Textmenge es erforderlich macht, mehr als eine Seite für eine Aufgabe zu verwenden, wird der Hinweis „Fortsetzung auf Seite ..." bzw. „Fortsetzung von Seite ..." gegeben. Welche Seiten Sie für Ihren Unterricht tatsächlich auswählen, hängt von verschiedenen Faktoren ab:
– Welchen Wissensstand haben die Schülerinnen und Schüler?
– Welche Differenzierung ist aufgrund der Leistungsunterschiede innerhalb der Klasse notwendig? (Die verschiedenen Kopiervorlagen lassen sich zur Binnendifferenzierung nutzen.)
– Welche Unterrichtsmethoden sind in der Klasse bisher schon eingeführt? (Zusammen mit den Lösungen können viele Arbeitsblätter für Gruppen- und Freiarbeit eingesetzt werden.)

Sagen Sie mal, Herr Preußler ...

Otfried Preußler

Du hast wirklich Glück: Otfried Preußler gibt dir ein Interview!
Auf dieser Seite findest du seine Antworten. Nur deine Fragen fehlen noch.

Aufgaben

1. Schreibe über jede Antwort eine passende Frage.

Interviewer: _____
Preußler: Ich habe schon mit zwölf Jahren angefangen, Gedichte
und kleine Geschichten zu schreiben, die ich damals auch selbst
mit Illustrationen versehen habe. Mein erstes Kinderbuch ist 1956
erschienen, es war „Der kleine Wassermann".

Interviewer: _____
P.: Weil ich Kinder mag – und weil ich seit meiner eigenen Kinderzeit gern Geschichten gehört
und erzählt habe. Außerdem bin ich zu der Überzeugung gekommen, dass Kinder das beste und
wichtigste Publikum sind, das man sich als Geschichtenerzähler nur wünschen kann.

Interviewer: _____
P.: Das kommt ganz auf das Buch an. Den „Räuber Hotzenplotz" hatte ich in einem guten Viertel-
jahr fertig, am „Krabat" habe ich zehn volle Jahre gearbeitet, allerdings mit Unterbrechungen.

Interviewer: _____
P.: Mit meinen Büchern ergeht es mir wie einem Vater mit seinen Kindern. Ich kann nicht sagen,
welches mir das liebste von allen ist. Ganz besonders hänge ich natürlich immer an dem Buch,
das gerade „mein Jüngstes" ist.

Interviewer: _____
P.: Manchmal schon. Vor allem dann, wenn man an eine Stelle gerät, wo einem die Arbeit nicht
mehr so recht von der Hand gehen will – und das passiert auch mir ziemlich häufig.

Interviewer: _____
P.: Ich bin bis 1970 Volksschullehrer gewesen. Schon damals habe ich nebenbei Kinderbücher
geschrieben. Jetzt bin ich nur noch Schriftsteller – das bedeutet: Ich habe den schönsten Beruf
der Welt, den es für mich gibt.

Interviewer: _____
P.: Ich wohne in Oberbayern, in der kleinen Ortschaft Haidholzen. Dass unser Haus ausgerechnet
am Rübezahlweg steht, ist ein echter Zufall, auch wenn uns das viele Leute nicht glauben wollen.

Interviewer: _____
P.: Ich wurde am 20. Oktober 1923 geboren – nun könnt ihr euch mein Alter auf den Tag genau
selber ausrechnen.

Interviewer: _____
P.: Wir haben drei erwachsene Töchter, die selbst schon verheiratet sind und eigene Kinder haben.

2. Hast du noch mehr Fragen an Otfried Preußler?
   Auf der Seite www.preussler.de kannst du dich per E-Mail an ihn wenden.

Was ist eine Sage?

Was eine Sage ist und wie sie sich zum Beispiel von einem Märchen unterscheiden lässt, erfährst du auf dieser Seite.

Aufgaben

1. Fülle den Lückentext mit Hilfe des Wortspeichers aus.
   TIPP: Schreibe zuerst mit Bleistift.

> Zeit; Motive; fantastischen; magischen; Ort; geschichtlichen; Hügel; sagenhaft; mündlich; Bauwerk; Heldentaten; Wirklichkeit

Sagen wurden ursprünglich wie Märchen _____ weitergegeben. Es finden sich auch ähnliche _____ (z. B. zaubermächtige Wesen, Riesen, Zwerge). Häufig wollen Sagen etwas erklären, z. B. wie ein bestimmtes _____ (Kirche, Rathaus) entstanden ist oder was es mit einem alten Baum oder einem auffälligen _____ auf sich hat. Diese Erklärung ist in vielen Fällen mit _____ Elementen verknüpft. Häufig erzählen Sagen aber auch von echten _____ (z. B. von Dietrich von Bern). Im Unterschied zu Märchen erheben Sagen den Anspruch auf _____. Das erkennt man daran, dass sich meistens genaue Angaben zu _____ und _____ des Geschehens finden. Trotz dieses _____ Kerns überwiegen aber die _____ Elemente. Deshalb gibt es im Deutschen ja auch das Wort „_____".

2. Lies den Anfang der Krabat-Sage.
   Notiere mit Hilfe von Aufgabe 1, welche Sagenmerkmale du hier findest.

Die Krabat-Sage

Es war vor langer, langer Zeit, damals vor 200 Jahren, gleich nach dem großen Kriege, der dreißig Jahre im Lande hauste und so viele Dörfer, Städte und Menschen fraß. Eine gar harte und traurige Zeit war das, so grausam war sie, dass man es nicht einmal schildern kann. Am schlimmsten war es im Sorbenlande. Die Ärmsten unter dem armen sorbischen Bauernvolk waren die Hirten. Und so ein armer Hirt lebte in dem Dorf Jitk am Rande der sorbischen Heide. Und dieser Hirt aus Jitk hatte einen Jungen; es war nicht sein eigener, sondern ein Stiefsohn, den man Krabat nannte. Natürlich musste Krabat von Kind auf schon sein Brot und alles Lebensnotwendige selbst verdienen, er durfte nicht auf der faulen Haut liegen, sondern hatte die Gänse der Bauern zu hüten, damit er frühzeitig das Handwerk erlerne.

Dornröschen

Vor Zeiten war ein König und eine Königin, die sprachen jeden Tag: „Ach, wenn wir doch ein Kind hätten!", und kriegten immer keins. Da trug sich zu, als die Königin einmal im Bade saß, dass ein Frosch aus dem Wasser ans Land kroch und zu ihr sprach: „Dein Wunsch wird erfüllt werden und du wirst eine Tochter zur Welt bringen."

3. Lies nun den Märchenbeginn. Notiere alle Unterschiede zur Krabat-Sage, die dir auffallen.

4. Notiere, wo sich in Preußlers „Krabat" sagenhafte Elemente finden.

Von der Sage zum Buch

Otfried Preußlers „Krabat" geht auf die alte sorbische Sage vom Hexenmeister Krabat zurück. Preußler hat diese Sage aber nicht genau übernommen, sondern sie an entscheidenden Stellen umgeschrieben.

Aufgabe

1. Verbinde die Ereignisse aus der Krabat-Sage mit den passenden Ereignissen aus Preußlers „Krabat".

Krabat-Sage

Krabat hat Mutter und Vater.

Krabats Mutter befreit den Jungen aus der Mühle.

Der Rabe Krabat putzt sich unter dem linken Flügel, dadurch erkennt ihn die Mutter.

Die Mühle wird nicht zerstört.

Krabat verwandelt sich in einen Ochsen für den Markt, damit er und seine Eltern etwas Geld haben.

Als Pferd begegnet Krabat dem Meister wieder, den er dann als Fuchs in einem Zauberduell tötet.

Krabat kann in seinem Spiegel sehen, dass der Fürst vergiftet werden soll, und fliegt mit der Kutsche, um zu helfen.

Krabat muss auf der Flucht einen Freund aus der Mühle erschießen, um den Kurfürsten vor den Türken zu retten.

Krabat erhält vom Kurfürsten Land, das Gut Groß-Särchen, und ist gut zu den Bauern.

Der Koraktor wird bei Krabats Tod in einem See versenkt.

Preußlers „Krabat"

Andrusch verwandelt sich in einen Ochsen, der Meister bekommt das Geld.

Der Meister fliegt mit der Kutsche und redet dem Kurfürsten ein, dass er weiter Krieg führen soll.

Der Meister erzählt, er habe einen Freund erschossen, als er den Kurfürsten gerettet habe.

Der Kantorka gelingt es, Krabat aus der Mühle zu befreien.

Als Pferd hilft Krabat Juro aus, dafür quält ihn der Meister, der ihn kauft und auf ihm reitet.

Krabat ist ein Waisenkind.

Der Koraktor geht mit der Mühle und dem Meister unter.

Die Kantorka bemerkt, dass Krabat Angst um sie hat, und erkennt ihn daran.

Die Mühle wird zerstört.

Juro lässt es für die Bauern schneien.

Fortsetzung auf Seite 9

In diesem Interview erzählt Otfried Preußler, wie er die Krabat-Sage kennen gelernt und verändert hat.

Interviewer: Herr Preußler, wann sind Sie dem Krabat zum ersten Mal begegnet?

Preußler: Erste Bekanntschaft mit dem Stoff machte ich als Junge von elf oder zwölf Jahren. Damals
5 fand ich in meines Vaters Bücherei in Reichenberg den Band „Sagen aus der Lausitz", worin auch die wendische Volkssage vom Krabat abgedruckt war, und zwar nur ihr Kernstück, das die Lehrjahre auf der Mühle, die Befreiung des Jungen durch seine
10 Mutter, die schwankhaften Episoden vom Ochsen- und Pferdehandel und den für den Meister tödlichen magischen Zweikampf umfasst.

Interviewer: Und wann haben Sie sich entschlossen, selber ein Buch von Krabat zu schreiben?

15 **Preußler:** Dies geschah im Jahr 1958 in der Internationalen Jugendbibliothek in München. [Der] Band „Mistr Krabat" von Martin Nowak Neumann überraschte mich insofern, als es die Geschichte über den mir bekannten, mit dem Tod des Meisters endenden
20 Teil weiterführte und von Krabats Abenteuern im Türkenkrieg, am sächsischen Hof und als Grundherr auf dem Gut Groß-Särchen berichtete.

Interviewer: Warum haben Sie die Geschichte nicht einfach nur nacherzählt?

25 **Preußler:** Ursprünglich war es meine Absicht gewesen, die geplante Erzählung im Großen und Ganzen so ablaufen zu lassen, [ich] musste jedoch zu meiner Bestürzung feststellen, dass an meinem Konzept offenbar etwas nicht stimmte.

30 **Interviewer:** Was war das genau?

Preußler: Das Kernstück des „Krabat" scheint auf sehr alte Motive zurückzugehen, während die Fortsetzung sich im Ganzen wesentlich jünger ausnimmt als der erste Teil. [Dieser Bruch] ließ sich bei
35 einer detaillierteren Erzählung nicht mehr ohne weiteres hinnehmen, ohne dass die Geschichte letzten Endes auseinander gefallen wäre.

Interviewer: Sie haben sich daher entschlossen, nur von den Mühlenjahren zu erzählen ...
45 **Preußler:** ... und aus dem zweiten Teil der Krabat-Überlieferung nur so viel in diese drei Jahre hineinzunehmen,
50 was

Otfried Preußler

sich gewissermaßen im Vorgriff auf Krabats Zukunft damit vereinbaren ließ.

Interviewer: Was haben Sie selber zur ursprüngli- 55 chen Sage dazuerfunden und warum haben Sie etwas dazuerfunden?

Preußler: Drei Jahre auf der Mühle wollen naturgemäß mitgelebt und daher anschaulich dargestellt werden. Dass Krabats Mitgesellen Name und Gestalt 60 annehmen mussten, versteht sich von selbst. Seinem besten Freund wies ich in der Rolle des dummen Juro bereits während Krabats Lehrjahren eine wichtige Funktion zu, die er in den Vorlagen nicht hat. Insbesondere bin ich jedoch in einem, wie mir 65 scheint entscheidenden Punkt von der Überlieferung abgegangen: Ist es ursprünglich Krabats Mutter, die ihn aus der Macht des Meisters befreit, so ließ ich nun an ihrer Stelle ein Bauernmädchen, die Kantorka, diesen Part übernehmen. Nach allem, was 70 sich zwischen Krabat und der Kantorka, aber auch zwischen ihm und dem Müller bisher ereignet hatte, erschien mir nun [der Trick mit dem linken Flügel] allzu simpel.

Aufgaben

2. Markiere in den Antworten Preußlers
   - rot, was zum Kernstück der Sage gehört,
   - blau, was zur Fortsetzung der Geschichte gehört,
   - grün, was Preußler verändert hat.

3. Erkläre mit eigenen Worten, warum Preußler die folgenden Änderungen vorgenommen hat:
   - Die Jahre in der Mühle werden ausführlich erzählt.
   - Krabat erhält in Juro einen Freund.
   - Die Kantorka tritt an die Stelle der Mutter.

9

Alle meine früheren Texte sind aus dem unmittelbaren Kontakt mit Kindern entstanden. Als ich mich später dazu entschloss, einige davon aufzuschreiben, war das ein mühsames Unterfangen. Im Vergleich zum Geschichtenerzähler bist du als Schriftsteller ja ein armer Hund. Der Erzähler hat sein Publikum vor Augen, er sieht, hört und spürt, wie das Auditorium¹ reagiert. Er merkt es sofort, wenn er zu ausführlich oder zu knapp wird, ob sich Langeweile ausbreitet, ob er über die Köpfe der Zuhörer hinweg erzählt oder nicht; und wenn sich der kleine Franzl, das kleine Reserl an einer bestimmten Stelle fürchtet, so kann er dies abfangen. Durch eine spaßige Bemerkung, durch ein freundliches Wort an der rechten Stelle.

Als Geschichtenerzähler bist du zugleich Intendant², Regisseur³ und Ensemble⁴ eines glorreichen Einmann-Theaters. Je nach Bedarf kannst du deine Stimme leise und zart machen, polternd und grobschlächtig; du kannst, wo erforderlich, bellen oder auch zwitschern, blöken wie eine ganze Hammelherde oder auch muhen; du kannst schnell oder langsam erzählen, kannst Pausen einlegen, Sätze abbrechen, sie mit einer Handbewegung zum Abschluss bringen. Du kannst mit den Ohren wackeln, nach oben oder nach unten schielen, dich räuspern, dich schütteln, ängstlich die Hände ringen.

Dies alles kannst du als Schriftsteller leider nicht. Sobald du Geschichten aufschreibst, bist du allein mit dir und mit deinem Bleistift, mit deiner Schreibmaschine, dem elektronischen Textsystem.

Du befindest dich in der bedauernswerten Lage eines Menschen, der an Händen und Füßen gefesselt an seinen Stuhl gekettet ist, eine schwarze Haube über den Kopf gestülpt, einen Knebel im Mund: blind, zu keiner Bewegung fähig, zu allem Überfluss auch noch taubstumm. – Und nun erzähl mal schön! [...]

Was dir zur Verfügung steht, sind sechsundzwanzig stumme Buchstaben zuzüglich einiger Umlaute, zuzüglich einiger Satzzeichen, mehr auch nicht.

Ich gestehe, dass ich mich in dieser Situation anfangs überaus unbehaglich gefühlt habe. Verzweifelt musste ich lernen, mit meinen so schrecklich beschnittenen Mitteln auszukommen. Erst allmählich und unter großer Mühsal habe ich gelernt, lebendig erzählte Geschichten in Geschriebenes umzusetzen. Bis ich dahinter gekommen bin, wie sich auch diese schwierige Aufgabe lösen lässt. Mit Geduld nämlich. Und mit sehr viel, wie soll ich es nennen? – mit sehr viel kritischer Hingabe an den Text.

Jeder Satz, jedes Wort, jede Silbe muss wohl bedacht sein. Alles, was mir beim unmittelbaren Erzählen zur Verfügung gestanden hat: nun muss ich versuchen, es in den geschriebenen Text hineinzulegen. [...]

Magie ist im Spiel, es kommt auf die richtige Formel an. Du musst deine Wortwahl, du musst die Länge deiner Sätze richtig dosieren. Nicht zu viel, nicht zu wenig – das ist des Pudels Kern. Und du musst jedem wirklichen Zauberer gleich, ein gewaltiges Quantum an Kraft an den Text verschwenden, an eigener Lebenskraft. Erst dann darfst du darauf hoffen, der Leser werde dazu imstande sein, deine Formel in eigene Bilder umzusetzen, kraft seiner Fantasie, seiner eigenen Schöpferkraft, die du ihm abverlangst.

1 Auditorium = Zuhörer
2 Intendant = Leiter eines Theaters
3 Regisseur = Person, die ein Theaterstück leitet
4 Ensemble = die Schauspieler eines Theaters

Aufgaben

1. Markiere, in welchem Textabschnitt Preußler vom Geschichtenerzähler und in welchem er vom Schriftsteller spricht.

2. Erstelle eine Liste mit Tipps für gutes mündliches Erzählen und eine Liste mit Tipps für gutes schriftliches Erzählen.

3. Tragt die Geschichte vom Pferdehandel (Seiten 135–140) in der Klasse vor. Beachtet dabei möglichst viele Tipps für das mündliche Erzählen.

Wie ein Autor arbeitet

An dieser Seite aus dem „Krabat"-Manuskript (Manuskript = Handschrift, frühe Textfassung) kannst du erkennen, wie Otfried Preußler seinen Text überarbeitet und verbessert hat.

258

weißgepuderten
- doch Krabat fegt über ihre Köpfe hinweg, und zur allgemeinen
~~den Rappen am Zügel hoch, und zu aller~~ Verwunderung trägt ~~das~~
der Rappe ihn empor. Nicht genug damit!
~~Roß ihn nun~~ steil in die Lüfte~~, über die weißgepuderten Köpfe~~
4 1 2 3 sich im Davon-
~~der Herren hinweg. Zugleich~~ beginnen Roß und Reiter ~~immer durch-~~
jagen zu verflüchtigen, mehr und mehr, bis sie aller Augen entschwun-
~~sichtiger zu werden, bis sie ganz und gar unsichtbar sind, so~~
den sind – den Blicken der Herrn
~~daß~~ selbst ~~der Herr~~ Generalfeldzeugmeister, Graf Gallas, der
kaiserlichen
über das schärfste Fernrohr der ~~ganzen~~ Armee verfügt. ~~sie nicht~~
~~mehr ausmachen kann am Himmel.~~

Krabat reitet in schwindelnder Höhe, wie andere Leute über
ein ebenes Feld reiten. ~~Kaum hat er die kaiserlichen Vorposten~~
Bald
~~unter sich zurückgelassen,~~ erspäht er am Rande eines zerschosse-
nen Dorfes die ersten Türken. Er sieht ihre bunten Turbane in
der Sonne leuchten, er sieht die Geschütze hinter den Schanz-
er
körben aufgefahren, ~~und~~ sieht, wie die Streifscharen zwischen
den Feldwachen hin und her reiten. Er selbst und sein Roß aber
sind für niemand sichtbar.
~~werden nicht gesehen; nur~~ Die Pferde der Türken blähen vor Angst
die Nüstern, ~~wenn er über sie hinweggaloppiert, und~~ die Hunde
den Schwanz
beginnen zu jaulen und klemmen ~~die Schwänze~~ ein.
über dem ~~bauscht sich~~
~~Ungesehen erreicht er das~~ türkischen Heerlager~~, über dessen~~
weht Krabat
~~Zelten sich~~ die grüne Fahne des Propheten im Wind. ~~bauscht. Er~~
behutsam läßt er ihn
lenkt seinen Rappen zur Erde, ~~läßt ihn behutsam~~ aufsetzen,
sprengt durch die Lagergassen. Unweit des Prunkzeltes, das der
Sultan bewohnt, entdeckt er ein etwas kleineres Zelt, das von
einigen zwanzig
~~einem guten Dutzend~~ bis an die Zähne bewaffneten Janitscharen
bewacht wird. ~~Hier, sagt er sich, kann der Marschall von Sach-~~
~~sen nicht allzu fern sein.~~

geht er hinein
Den Rappen am Zügel, ~~betritt er das Zelt~~ - und richtig hockt
da auf einem Feldstuhl, den Kopf in die Hände gestützt, ~~und auch~~
~~sonst nicht gerade bei bester Laune,~~ der große Kriegsheld und
Türkenfresser aus Dresden. Krabat macht, daß er ~~wieder~~ sichtbar
wird, räuspert sich, tritt auf den Marschall zu - und erschrickt.

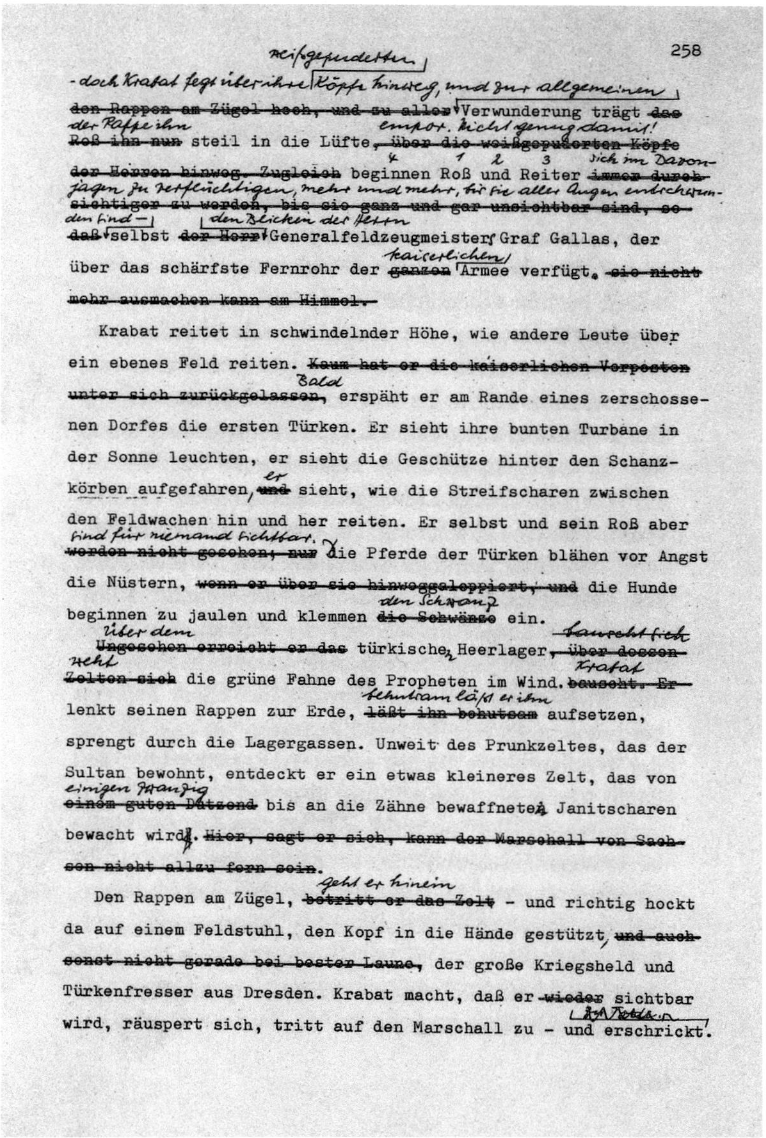

Aufgaben

1. Lies den Text zuerst in seiner ursprünglichen Fassung.

2. Was hat Preußler mit seiner Überarbeitung wohl erreichen wollen? Kreuze mehrere Antworten an:

- ☐ mehr Genauigkeit
- ☐ eine Beschränkung auf das Wichtigste
- ☐ Ausführlichkeit
- ☐ mehr Spannung
- ☐ ein schnelleres Tempo

Zeige nun an dem Textausschnitt oben, wie Preußler das eine oder andere Ziel erreicht hat.

Wo liest man den „Krabat"?

Otfried Preußler ist nicht nur in Deutschland berühmt. Sein „Krabat" wird in mehr als 30 Sprachen gelesen:

Afrikaans (Südafrika), Amerikanisch, Brasilianisch/Portugiesisch, Chinesisch, Dänisch, Englisch, Estnisch, Finnisch, Französisch, Gälisch/Kymrisch (Wales), Griechisch, Hebräisch (Israel), Holländisch, Italienisch, Japanisch, Katalanisch (Andorra, Spanien), Koreanisch, Ladinisch (Südtirol), Lettisch, Litauisch, Nordsamisch (Schweden, Norwegen, Finnland), Polnisch, Portugiesisch, Rumänisch, Russisch, Schwedisch, Serbokroatisch (Serbien, Kroatien), Slowenisch, Spanisch/Kastilisch, Tschechisch und Ungarisch.

Aufgaben

1. Male mit einem Buntstift alle Länder aus, in denen der „Krabat" gelesen wird. Du kannst einen Atlas zu Hilfe nehmen.

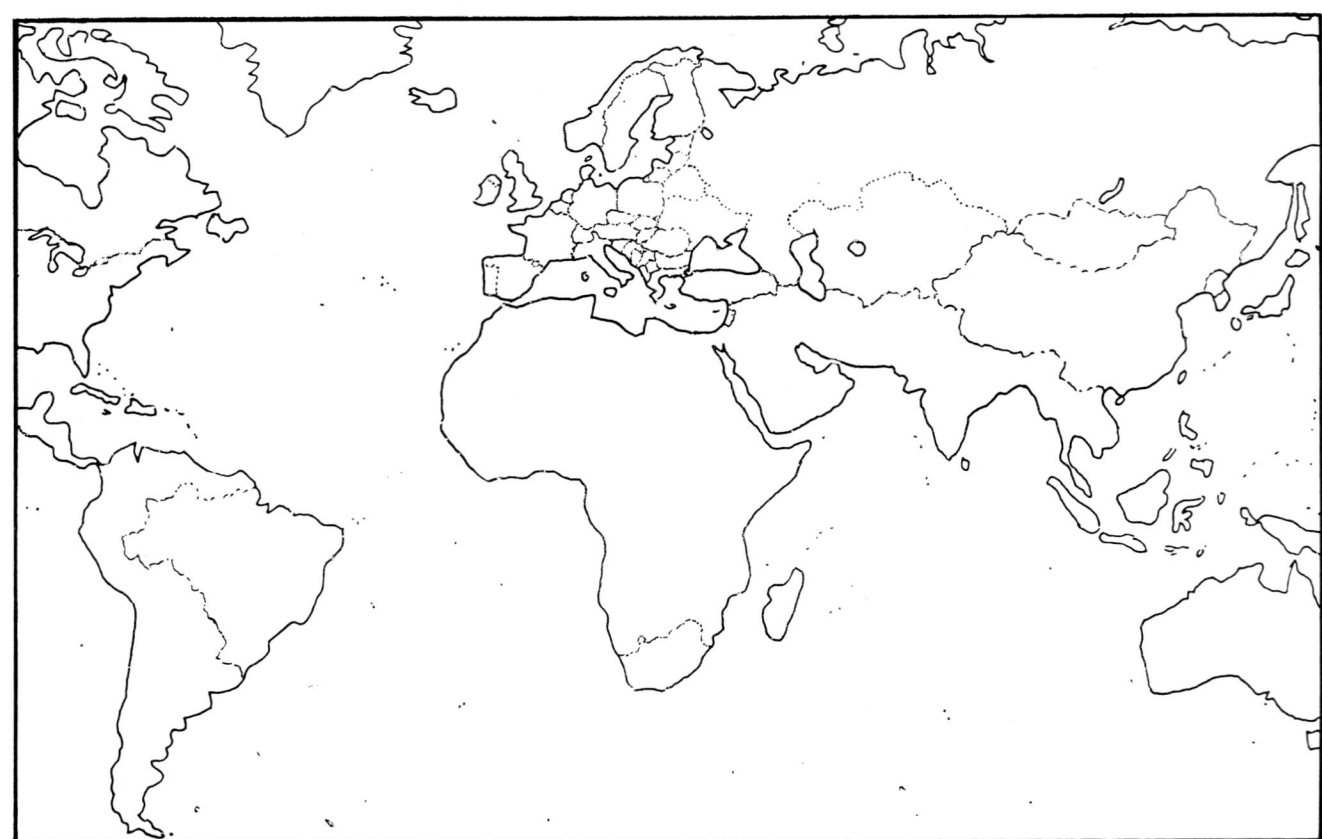

2. Wie erklärst du dir den weltweiten Erfolg des „Krabat"? Kreuze mögliche Erklärungen an:

   ☐ es ist die Geschichte eines sorbischen Waisenjungen
   ☐ es geht um Magie
   ☐ es geht um die Freiheit
   ☐ es geht um die Liebe
   ☐ das Buch ist spannend
   ☐ es geht um das Müllerhandwerk

   Begründe deine Wahl.

12

Preußlers Helden

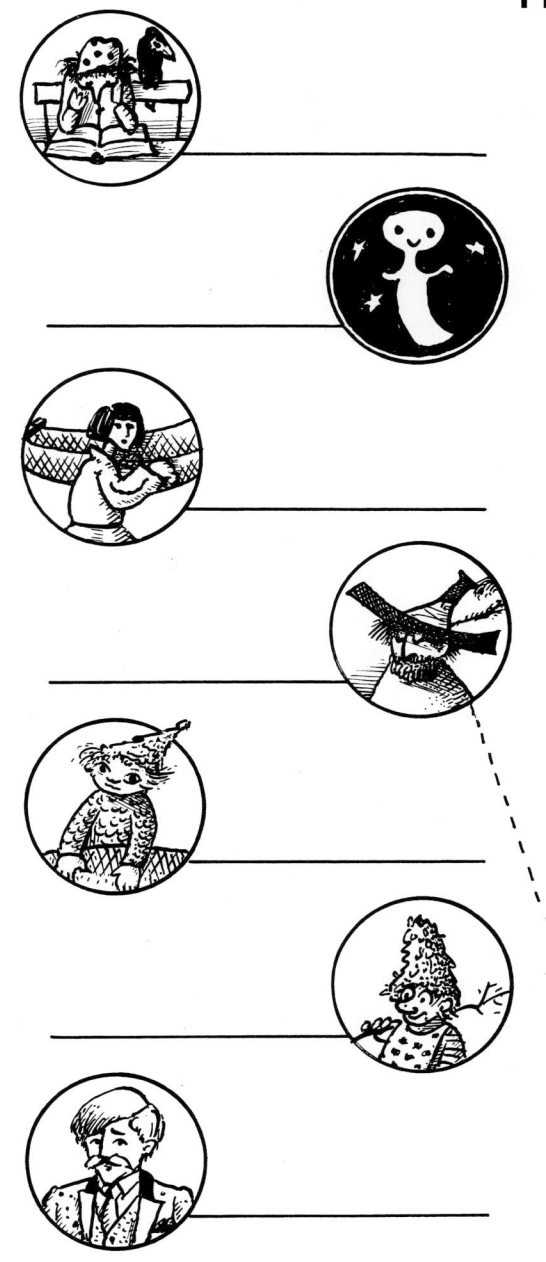

Leider bin ich erst 127 Jahre alt und deswegen habe ich Tanz-
verbot – es sei denn, ich lerne in einem Jahr, meinen
Beruf gut auszuführen.

Was würden deine Eltern sagen, wenn du mit grünen Haaren
und schuppigen Hosen nach Hause kämst? Bei mir ist das
ganz normal.

Von Beruf bin ich Lehrer – ein eher gewöhnlicher Beruf, aber
ein bisschen Ungewöhnliches habe ich doch an mir …

Früher hat man von mir immer gesagt, ich sei ein Faulpelz,
aber seit ich sieben Jahre Kraft gesammelt habe, würde das
keiner mehr behaupten.

So jemanden hast du noch nie gesehen? Na, erlaube mal!
Schließlich bin ich ein Hutzelmann und noch dazu auf Wanderschaft!

Ich stehe immer zur gleichen Zeit auf und wenn die Uhr nun
einmal zwölf schlägt, muss ich raus, auch wenn sie falsch
geht.

Eine Kaffeemühle habe ich schon, aber was wohl in dieser
Kiste sein mag? Die nehme ich am besten mit in meine
Höhle!

Aufgaben

1. Links siehst du sieben von Otfried Preußlers Helden. Zu wem passt welche Selbstbeschreibung?
   Verbinde jeweils ein Bild mit der passenden Beschreibung.
   ACHTUNG: Wenn du manche der Helden gar nicht kennst, löse zuerst das Silbenrätsel. Schreibe die
   Namen neben die Bilder.

   Kling Hör spenst be sor Wan Was ja ser Hot mann zen He Ge plotz xe

2. Verfasse nun auch eine Selbstaussage für Krabat. Schreibe in der Ich-Form.

Krabat-Quiz

Ein spannendes Quiz für Krabat-Kenner:

Vorbereitung:
* Zeichnet diese Zahlentabelle groß auf eure Tafel:

Gesellen	Orte	Zauberei	übrige Personen	im Lauf der Zeit
10	10	10	10	10
20	20	20	20	20
40	40	40	40	40
50	50	50	50	50
80	80	80	80	80
100	100	100	100	100

Zur Erklärung: Die Tabelle zeigt euch, welche Themen (Gesellen, Orte usw.) es gibt und wie viel eine bestimmte Quizfrage wert ist (10, 20, 40 Punkte usw.).
* Teilt die Klasse in vier gleich große Gruppen.
  Ernennt in jeder Gruppe einen Sprecher. Der Sprecher antwortet für die Gruppe, nachdem er sich mit ihr beraten hat.
* Wählt einen Quizmaster (vielleicht die Lehrerin oder den Lehrer?).
  Der Quizmaster
  – stellt die Fragen,
  – streicht richtig beantwortete Fragen in der Zahlentabelle durch,
  – notiert den Punktestand der einzelnen Gruppen für alle sichtbar an der Tafel,
  – nimmt die Zeit (30 Sekunden für eine Antwort).

Ablauf:
* Eine Gruppe beginnt, indem sie eine Frage auswählt (zum Beispiel „Gesellen 80").
  – Kann die Gruppe die Frage beantworten, bekommt sie 80 Punkte gutgeschrieben und darf die nächste Frage auswählen (zum Beispiel „Zauberei 40").
  – Kann die Gruppe die Frage nicht beantworten, wird die Frage im Uhrzeigersinn weitergegeben.
* Trifft eine Gruppe eine schwarz eingefärbte Risiko-Frage, gibt der Quizmaster dies bekannt. Die Gruppe darf dann selbst eine Punktzahl zwischen 10 und 150 bestimmen, die ihr gutgeschrieben, aber natürlich auch abgezogen werden kann.
* Sieger ist die Gruppe, die die meisten Punkte erzielt hat.

Fortsetzung auf Seite 15

Krabat-Quiz

Gesellen	Orte	Zauberei	übrige Personen	im Lauf der Zeit
Wie viele Gesellen sind in der Mühle, als Krabat dazukommt? **Elf**	Wie heißt der Unterrichtsraum von Meister und Gesellen? **Die Schwarze Kammer**	Was bekommt Krabat von Tonda geschenkt? **Ein Messer, das sich bei Gefahr verfärbt.**	Woran erkennt man den Gevatter? **Rote Feder am Hut**	Was ist die erste Aufgabe in der Lehre eines Müllergesellen? **Ausfegen der Mehlkammer**
Wer tritt als Letztes die Lehre in der Mühle an? **Lobosch**	An welchem Ort in der Mühle werden Knochen gemahlen? **Im Toten Gang**	Wie heißt das wendische Zauberbuch, aus dem der Meister unterrichtet? **Koraktor**	Wer lässt sich von den Gesellen Sägespäne als Essen vorsetzen? **Soldaten**	Wie lange dauert ein Mühlenjahr? **3 gewöhnliche Jahre**
Wie heißt der Geselle, der Krabat am Anfang seiner Lehre hilft, dann aber stirbt? **Tonda**	Wie heißt der Ort, an dem Krabat jeweils die Osternacht verbringt? **Bäumels Tod**	Womit hilft Juro den Bauern des Dorfes? **Er lässt es schneien.**	Wie heißt der Viehhändler, der von den Gesellen betrogen wird? **Ochsenblaschke**	Was hat Krabat getan, bevor er in die Mühle kam? **Er ist einer der Hl. Drei Könige.**
Welchen Titel trägt der Oberste unter den Gesellen? **Altgesell**	Aus welchem Ort kommt die Kantorka? **Schwarzkollm**	Nenne drei Tiere, in die sich die Gesellen im Lauf der Geschichte verwandeln. **Pferd, Ochse, Rabe**	Wer gewinnt ein Zauberduell gegen den Meister? **Pumphutt**	Wann hört man Gesang von den Mädchen des Dorfes? **In der Osternacht**
Nenne drei Beispiele, an denen klar wird, dass Juro nicht so dumm ist, wie er tut. **Schnee, Hunde auf Lyschko, Zauberkreis**	Wo werden die toten Gesellen begraben? **Im Wüsten Plan**	Wie kommen der Meister und Krabat nach Dresden? **Sie fliegen mit der Kutsche.**	Wer lässt sich vom Meister beraten? **Der Kurfürst**	Was passiert in der Neujahrsnacht? **Einer der Gesellen muss für den Meister sterben.**
Wie heißt der Unbeliebteste unter den Gesellen? **Lyschko**	Wo steht die Mühle? **Im Koselbruch am Schwarzen Wasser**	Was macht Juro, damit der Meister nicht an ihn und Krabat denkt? **Er zieht einen Zauberkreis um sie.**	Woran erkennt die Kantorka den Raben Krabat? **An seiner Angst um sie**	Was passiert bei Neumond? **Der Gevatter kommt.**

15

Wer wird Krabat-Meister?

Hier könnt ihr euer Krabat-Wissen gegenseitig testen. Die Fragen sind gestaffelt von 50 Krabatpunkten (ganz leicht) bis zu 1 000 000 Krabatpunkten (ganz schwer). Spielt in Gruppen oder mit der ganzen Klasse.

Aufgabe

1. Ergänze auf den leeren Kärtchen die fehlenden Fragen. Die Fragen sollen im Schwierigkeitsgrad den Krabatpunkten (100, 2000, 16 000, 64 000, 500 000 oder 750 000) angemessen sein.
   Schreibe auch jeweils eine richtige und drei falsche Antworten auf die Karten.

50
Als welche berühmten biblischen Figuren verkleiden sich Krabat und seine Freunde?

Die glorreichen Sieben	Die Heiligen Drei Könige
Die 40 Räuber	Die zwölf Raben

100

250
Was verbiegt Kurfürst August der Starke?

Einen Nagel	Eine Eisenstange
Ein Hufeisen	Einen Löffel

500
An welchem Tag begeben sich die Müllerburschen unter das Joch?

Gründonnerstag	Karfreitag
Karsamstag	Ostersonntag

1000
Was verkauft Juro zu Krabats Unglück an den Meister beim Pferdehandel mit?

Das Zaumzeug	Die Reitpeitsche
Die Steigbügel	Das Halfter

2000

4000
Als welches Tier erscheint der Meister im Dienste des Sultans?

Falke	Adler
Geier	Habicht

8000
Womit werden im Kapitel „Feldmusik" die Schultern der Obristen bedeckt?

Vogelmist	Orden
Schläge	Seidenschal

Fortsetzung auf Seite 17

16 000	

32 000	
Was plant der Meister nach seinem Ausstieg aus der Mühle?	
Er will ein einfacher Bauer werden.	Er will den Gevatter stürzen.
Er will Karriere am Hofe machen.	Er will eine größere Mühle aufbauen.

64 000	

125 000	
Wie heißt der feierliche Akt, der am Ende der Lehrzeit begangen wird?	
Lossagung	Freisprechung
Entlassung	Zeugnisverteilung

250 000	
Vervollständige Kantorkas Osterlied: „Erstanden ist der heilig Christ, …"	
… Halleluja, Halleluja.	… Hosianna in der Höhe.
… der meinem Herz das Liebste ist.	… der mich in Nöten nie vergisst.

500 000	

750 000	

1 000 000	
Womit bereitet der Meister die Gesellen auf seine Geschichte vom Adler des Sultans vor?	
Er zerbröselt Kräuter über einer Kerze.	Er flüstert einen Spruch aus dem Koraktor.
Er hypnotisiert sie.	Er verschüttet einen Schlaftrunk.

Wer spricht zu wem und warum?

Die folgenden Sätze sind dir alle im „Krabat" begegnet … aber wo war das?

Aufgaben

1. Suche im „Krabat" nach den Sätzen. Schreibe in die Klammern, auf welcher Seite du die Sätze gefunden hast.

2. Schreibe in dein Heft, wer zu wem spricht. Versuche auch zu erklären, warum der jeweilige Sprecher sich so äußert.

„Die Wintersaat wird verderben, wenn es nicht schneit in den nächsten Tagen …" (Seite   )

„Ich habe gespürt, dass du Angst hattest", sagte sie. „Angst um mich: Daran habe ich dich erkannt." (Seite   )

„Schneller!", drängte der Meister. „Kannst du nicht schneller fahren!" (Seite   )

„Wie kommt denn, zum Kuckuck, der fette Ochs an den dürren Bauern? Ich nehm ihn für fünfundzwanzig." (Seite   )

„Du kannst ausgehen, wenn du magst und wohin es dir passt – nach Maukendorf oder Schwarzkollm oder Seidewinkel, das soll mir gleich sein." (Seite   )

„Das mit den Hunden kannst du dir sparen – ich weiß, dass du keine hast." (Seite   )

„Und du bist der Erste und Einzige, dem ich es anvertraue. Es gibt einen Weg, um dem Meister das Handwerk zu legen: nur einen!" (Seite   )

„Sollte dir je Gefahr drohen – ernste Gefahr –, dann verfärbt sich die Klinge, sobald du sie aufklappst." (Seite   )

„Komm nach Schwarzkollm in die Mühle, es wird nicht zu deinem Schaden sein!" (Seite   )

„Krabat? – Ich kannte mal einen, der Krabat hieß …" (Seite   )

„So geht das nicht", überlegte er. „Wenn ich bis hinten durch bin, liegt vorn wieder alles voll. Ich werde ein Fenster öffnen …" (Seite   )

„Seither hab ich darauf gewartet, dass ich dich treffen würde: Und jetzt bist du also da." (Seite   )

18

Die Tricks des Meisters

Um seine Ziele zu erreichen, arbeitet der Meister mit verschiedenen Tricks.

Aufgaben

1. Lies, was in den Fangschlingen des Meisters steht.

2. Erkläre, welches Ziel der Meister jeweils verfolgt.

1

Dort geschah es, dass Krabat zum ersten Mal jenen seltsamen Traum hatte. Elf Raben saßen auf einer Stange und blickten ihn an. Er sah, dass ein Platz auf der Stange frei war, am linken Ende. Dann hörte er eine Stimme. Die Stimme klang heiser, sie schien aus den Lüften zu kommen, von fern her, und rief ihn bei seinem Namen. Er traute sich nicht zu antworten. „Krabat!", erscholl es zum zweiten Mal – und ein drittes Mal: „Krabat!"

2

Sie begruben den Toten hastig und ohne Umstände. Ohne Pastor und Kreuz, ohne Kerzen und Klagelied. […] Krabat blieb allein zurück. Er wollte für Tonda ein Vaterunser beten, aber es war ihm entfallen: so oft er auch anfing, er brachte es nicht zusammen. Auf Wendisch nicht und auf Deutsch erst recht nicht.

3

Da mischte sich, eben als Juro „Topp!" rufen wollte, ein fremder Herr in den Handel. […] „Er steht im Begriff, ein schlechtes Geschäft zu machen", belehrte er Juro mit heiserer Stimme. „Sein Hengst ist weit mehr wert als fünzig Gulden – ich biete ihm hundert." […] Er zog seinen Beutel, er warf ihn dem Burschen hin. Juro verbeugte sich: „Tausend Dank, Herr!" Im nächsten Augenblick griff der Fremde zu. Er entriss dem verblüfften Juro die Zügel – …

4

„Um nicht länger herumzureden", sagte der Meister. „Ich möchte dich nicht im Zweifel darüber lassen, wie ich in Wirklichkeit von dir denke. Was ich bisher keinem anderen meiner Schüler gewährt habe, dir gewähr ich's. Nächsten Sonntag erlasse ich dir die Arbeit, ich gebe dir einen Tag frei. Du kannst ausgehen, wenn du magst und wohin es dir passt, […] es gibt Schenken und Wirtshäuser auf den Dörfern – […] und es gibt Mädchen, mit denen man tanzen kann."

19

Die Personen und ihre Beziehungen

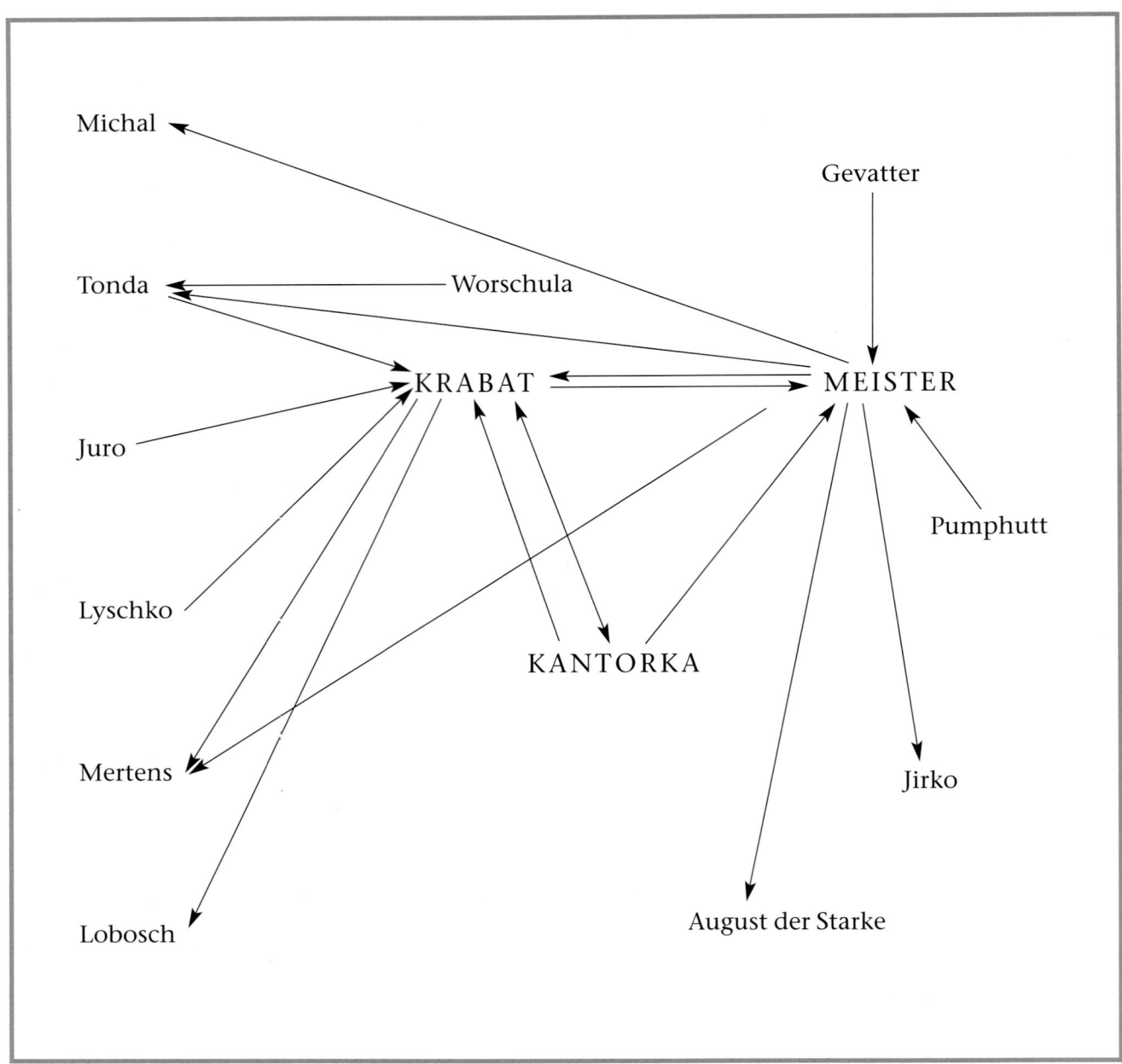

Aufgaben

1. Schreibe auf die Pfeile, in welcher Beziehung die Personen zueinander stehen.
   Der Wortspeicher hilft dir dabei:

tötet	Herr über	besiegt
tötet	hindert am Sterben	besiegt
will überwinden	will als Nachfolger	berät
lieben sich	befreit	hilft
achtet auf	hilft und schützt	wollte retten
beschützt	bespitzelt	tötet

Fortsetzung auf Seite 21

Die Personen und ihre Beziehungen

Aufgaben

2. Notiere in der linken Spalte jeweils eine Eigen-
schaft oder eine Besonderheit der Gesellen.
Die Seitenangaben helfen dir.

3. Fülle in der rechten Spalte die Lücken aus.

Michal (S. 24, S. 164/165):

_____

stirbt an _____

Tonda (S. 23, S. 89):

_____

stirbt an _____

Juro (S. 24):

_____

Lyschko (S. 23):

_____

Merten (S. 24):

_____

Andrusch (S. 24):

_____

Hanzo (S. 24):

_____

Petar (S. 24):

_____

Staschko (S. 24):

_____

Kito (S. 24):

_____

Kubo (S. 24):

_____

Witko (S. 97):

_____

Ersatz für <u>Michal</u>_____

Lobosch (S. 170):

_____

Meister:

heißt so, weil er eine _____ führt und viel

Macht durch seine _____ hat; will die Mühle

übergeben.

Krabat:

fleißigster _____ des Meisters;

sieht in _____ Teile seines Schicksals voraus.

Nimmt den _____ mit dem Meister auf.

Kantorka:

Mädchen, das Krabat in der _____

kennen lernt; besiegt den _____ durch ihre

_____ zu Krabat.

Gevatter:

trägt am Hut eine _____;

bringt in jeder _____nacht

_____ zum Mahlen.

August der Starke:

ist _____ von Sachsen

Jirko:

Freund des _____

Pumphutt:

wandernder _____

Worschula:

Freundin von _____

Der dumme Juro?!

Auf Seite 212 zieht Juro zum wiederholten Mal einen Zauberkreis um sich und Krabat.

„Das ist es, was der Kreis bewirkt. Solang wir uns darin aufhalten, denkt der Meister an alles Mögliche – bloß nicht an dich und mich."

„Nicht dumm", sagte Krabat, „nicht dumm …" Und plötzlich, als sei da ein Stichwort gefallen, durchzuckte ihn ein Gedanke. Betroffen blickte er Juro an. „Du bist es also", sagte er, „dem die Bauern Schnee zu verdanken haben und Lyschko die Metzgerhunde! Du bist nicht der Dummkopf, für den wir dich alle halten, nicht wahr – du verstellst dich bloß!"

Aufgaben

1. Schlage Textstellen nach, an denen Juro anderen hilft (Seiten 34, 123, 139/140, 194/195, 207/208).

2. Zeichne zu drei Szenen ein Bild in dein Heft und verfasse jeweils einen Untertitel.

3. Warum hat Juro nie selber versucht, den Meister zu besiegen?
a) Schreibe mögliche Antworten in dein Heft.
b) Was hältst du von Juros Entscheidung? Schreibe deine Meinung auf.

22

Die Macht des Meisters

Der Meister ist eine der schrecklichsten Gestalten im „Krabat". Doch obwohl er seine Schüler fest in der Hand hat, muss auch er vor einigen Dingen Angst haben …

The puzzle pieces contain the following text fragments:

- Der Meister kann ihre Ernte retten.
- Sie kann einen Gesellen in der Neujahrsnacht freibitten; dann stirbt der Meister.
- Er bekommt jedes Jahr einen Schüler als Opfer, sonst stirbt der Meister.
- Der Meister beeinflusst ihn bei der Entscheidung über Krieg und Frieden.
- Der Meister beherrscht sie und jedes Jahr muss einer für ihn sterben.
- Er blamiert den Meister im Zauberduell …

Aufgaben

1. Finde heraus, wie es um die Macht des Meisters steht.
   a) Schneide die Puzzleteile aus und setze sie richtig zusammen. TIPP: Der Meister sitzt in der Mitte.
   b) Fülle die Kästchen auf den Puzzlestreifen aus.
2. Ist der Meister deiner Meinung nach nun ein mächtiger Mann oder muss er ständig Angst haben?
3. Versetze dich in die Lage des Meisters und schreibe einen Tagebucheintrag für einen typischen Tag auf der Mühle. Bringe dabei zum Ausdruck, ob du den Meister für mächtig oder für ängstlich hältst.

Wie hättest du dich entschieden?

Der Meister scheint unbesiegbar zu sein. Er alleine entscheidet in der Mühle über Leben und Tod. Denkt nur an das Schicksal des armen Mertens und an die Morde in der Neujahrsnacht.
Was kann ein einfacher Müllergeselle da schon tun?

Aufgaben

1. In der Mühle am Koselbruch gibt es eine Diskussion darüber, was man gegen den Müller unternehmen kann.
   Vier von euch spielen diese Diskussion nach den folgenden Rollenvorgaben:

○ Juro	○ Lobosch	○ Lyschko	○ Krabat
– **Ich kenne einen Weg,** wie wir uns von dem Meister befreien können. – Ich weiß zwar mehr, als ich zeige, aber **ich traue mich nicht,** etwas zu unternehmen. – **Ich habe kein Mädchen,** das mich freibitten könnte. (vgl. S. 220)	– **Ich weiß keinen Weg,** wie wir uns von dem Meister befreien können. – Wir haben den Meister lange genug ertragen, **man sollte es sofort versuchen.** – **Es wird schon gut gehen.** Wenn wir weiter warten, erwischt es zu Neujahr den Nächsten! (nicht im Buch!)	– **Ich finde es zu gefährlich,** etwas gegen den Meister zu unternehmen. – **Es trifft ja nur einen von uns,** die anderen überleben die Neujahrsnacht. – Wenn wir den Meister besiegen, **verlieren wir alle unsere Zauberkräfte.** Vielleicht stirbt der Meister ja an einer Krankheit. (vgl. S. 219 f.)	– Wenn wir nichts unternehmen, stirbt einer unserer Mitgesellen. **Wir machen uns schuldig!** – Ich kann den Meister herausfordern. Aber ich muss mich gut vorbereiten. **Es ist niemandem geholfen, wenn ich verliere.** – **Das Mädchen muss die Gefahren kennen** und dann selbst entscheiden, ob es mir helfen will. (vgl. S. 245 f., 253)

2. Wem stimmst du am meisten, wem am wenigsten zu? Vergib die Noten 1 bis 4 und schreibe sie in die Kreise neben den Namen. Begründe deine Entscheidung.

3. Krabats Verhalten lässt sich mit dem Wort „Zivilcourage" beschreiben.
   Fülle den folgenden Lückentext aus, indem du die Namen der drei anderen Gesellen einsetzt. Du verstehst dann genauer, was Zivilcourage ist.

   Ein Verhalten, wie Krabat es zeigt, nennt man „Zivilcourage" (übersetzt etwa: „Bürgermut"). Das bedeutet, dass man den Mut (nicht wie _____) hat, sich gut überlegt (nicht wie

   _____) für seine Überzeugung einzusetzen, auch wenn man selber Nachteile davon

   haben könnte (nicht wie _____).

4. Erzähle von einer Situation, in der du Zivilcourage gezeigt oder beobachtet hast.

Wie erzeugen Bilder Spannung?

1. Wie gelingt es den Künstlern, den Meister unheimlich und bedrohlich darzustellen?
   Beschreibe für jedes Bild drei Besonderheiten.

_____
_____
_____
_____
_____
_____
_____
_____
_____

_____
_____
_____
_____
_____
_____
_____
_____

2. Zeichne nun selbst ein unheimliches Bild des Meisters.
   Denke dabei an seine gruseligen Attribute: Totenkopf, Raben und Augenklappe.

Wie Otfried Preußler für Spannung sorgt

Otfried Preußler versteht es, Spannung zu erzeugen. Schon auf den ersten Seiten erahnt der Leser, dass Krabat in der Mühle nichts Gutes erwartet ...

Aufgaben

1. Lies die Seiten 13 bis 15 (von „Von Dorf zu Dorf ..." bis „Darin las er").
   Schreibe alles heraus, was dir bedrohlich und unheilvoll erscheint.

2. Beschreibe nun genauer, mit welchen Mitteln Preußler Spannung erzeugt.
   Ordne dazu deine Ergebnisse aus Aufgabe 1 den folgenden Stichworten zu:

   Namen: *Schwarzkollm,* _____

   _____

   Bilder/Vergleiche: _____

   _____

   Natur: _____

   _____

   Sinneseindrücke: _____

   _____

   Tätigkeiten: _____

   _____

3. Schreibe den folgenden Textausschnitt so um, dass eine angenehme Stimmung entsteht.

   Krabat tappte ein Stück durch den Wald wie ein Blinder im Nebel, dann stieß er auf eine Lichtung. Als er sich anschickte unter den Bäumen hervorzutreten, riss das Gewölk auf, der Mond kam zum Vorschein, alles war plötzlich in kaltes Licht getaucht. Jetzt sah Krabat die Mühle. Da lag sie vor ihm, in den Schnee geduckt, dunkel, bedrohlich, ein mächtiges, böses Tier, das auf Beute lauert. (S. 14)

   _____

   _____

   _____

   _____

   _____

   _____

   _____

   _____

   _____

Zaubereien im „Krabat"

Im „Krabat" spielt Zauberei eine wichtige Rolle. Hier siehst du einzelne Situationen, Gegenstände oder Symbole, die mit Zauberei zu tun haben.

1. Schreibe auf, in welchen inhaltlichen Zusammenhang diese Bilder gehören.

2. Gib an, welche Zaubereien bedrohlichen und welche einen eher lustigen Charakter haben.

3. Über welchen Zauber würdest du gerne verfügen? Denk dir aus, wann und wo du ihn gerne einsetzen würdest. Schreibe eine Geschichte in dein Heft.

 **Krabat träumt**

Dir ist sicher aufgefallen, dass Krabat seine Träume sehr ernst nimmt, denn sie zeigen ihm, was passieren wird oder was passieren könnte. Er kann also mit Hilfe seiner Träume einen Blick in die Zukunft werfen.

Aufgaben

1. Ein typischer Traum ist das erfolglose Weglaufen vor einer Gefahr. Sicher hast du ihn auch schon einmal geträumt. Schreibe kurz auf, was du geträumt hast:

   _____

   _____

   _____

   _____

   _____

   _____

   _____

2. Ein Psychologe sagt: „Befinden Sie sich im Traum auf der Flucht, rennen Sie im realen Leben vor einer Entscheidung davon. Sie sind wenig konfliktfreudig."
   Passt diese Aussage zu Krabats Fluchttraum (Seite 28)? Schreibe deine Meinung dazu auf.

3. Was steckt hinter Krabats Träumen?
   Lies dir die Träume durch und erkläre, was sie für Krabat bedeuten:

   Freier Platz auf der Stange und Ruf des Meisters (S. 12)

   _____

   _____

   Krabat versucht aus der Mühle zu fliehen (S. 28 ff.)

   _____

   _____

   Drei Fragen an den toten Tonda (S. 103 f.)

   _____

   _____

   Die Flucht gelingt; Kantorkas „Nein" (S. 180 ff.)

   _____

   _____

   Fuchs beißt schwarzem Gockel den Hals durch (S. 249 ff.)

   _____

   _____

Auch die Kantorka kann zaubern

Viele Personen im „Krabat" haben Zauberkräfte: Pumphutt, die Müllerburschen, der Meister ... Aber ist dir auf-
gefallen, dass auch die Kantorka zaubern kann?

Aufgaben

1. Juro spricht am Ende des Buches von den Zauberkünsten der Kantorka:

   „Aber wie geht das zu?", fragte Krabat. „Glaubst du denn, dass das Mädchen zaubern kann?"
   „Anders als wir", sagte Juro. „Es gibt eine Art von Zauberei, die man mühsam erlernen muss: Das ist die,
   wie sie im Koraktor steht, Zeichen für Zeichen und Formel um Formel. Und dann gibt es eine, die …"

   Schreibe Juros Satz zu Ende. Nimm nur im Notfall das Buch zu Hilfe.

2. Krabats Liebe zur Kantorka lässt ihn immer wieder die Gesetze des Meisters übertreten.
   Links findest du die Gesetze des Meisters. Rechts kannst du notieren, was wirklich passiert.
   Die Seitenangaben helfen dir.

■ Nach der Osternacht müssen die Gesellen pünktlich zum Meister zurückkehren.	■ (S. 123)
■ Der Meister befiehlt, dass Krabat bei ihm bleibt.	■ (S. 182, 255)
■ Als Zeichen der Geheimen Bruderschaft er-wartet der Meister nach der Osternacht den Drudenfuß auf der Stirn der Gesellen.	■ (S. 201)
■ Der Meister hat stärkere Zauberkräfte als der Geselle Krabat.	■ (S. 241f.)

29

Krabat liebt die Kantorka

„Es ist Krabat, den ich lieb habe", sagt die Kantorka ganz selbstverständlich zum Meister, bevor sie Krabat befreit. Wann und wie aber hat sich Krabat in die Kantorka verliebt?

Aufgabe

1. Krabats Liebe zur Kantorka steigert sich im Verlauf des Buches.
   Die folgenden vier Symbole sollen diese Steigerung zeigen. Erkläre jeweils, was sie bedeuten.
   Die Seitenangaben helfen dir.

(S. 49)

(S. 122 f.)

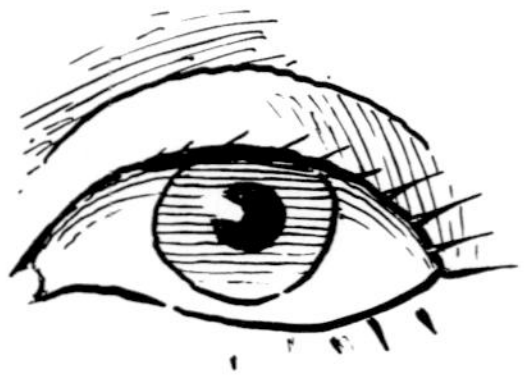

(S. 199)

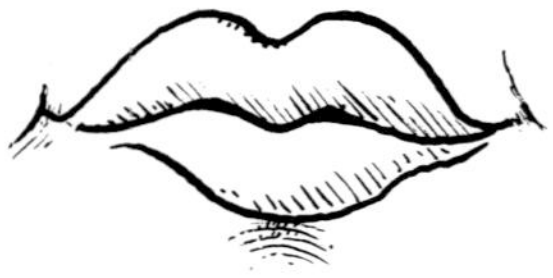

(S. 238)

Fortsetzung auf Seite 31

Aufgabe

2. Glaubst du, dass man sich so ineinander verlieben kann wie Krabat und die Kantorka?
   Mit dem folgenden Fragebogen kannst du deine Einstellung überprüfen.
   – Trage links deine Entscheidung ein.
   – Überprüfe rechts, wie es Krabat ergangen ist. Die Seitenangaben helfen dir.
   – Zähle nach, wie viele Übereinstimmungen du mit Krabat hast.
   – Lies die passende Auflösung.

Deine Meinung ist gefragt	Seite:	Stimmt Krabat mit deiner Meinung überein?	
1 Man verliebt sich nur in jemanden, mit dem man etwas gemeinsam hat. ○ Das finde ich auch. ○ Das glaube ich nicht.	56	○ Ja	○ Nein
2 Wenn man verliebt ist, kann einem das auch Schmerzen bereiten. ○ Das finde ich auch. ○ Das glaube ich nicht.	119	○ Ja	○ Nein
3 Wenn man verliebt ist, denkt man viel an den anderen. ○ Das finde ich auch. ○ Das glaube ich nicht.	179	○ Ja	○ Nein
4 Jemand, der verliebt ist, träumt vom anderen. ○ Das finde ich auch. ○ Das glaube ich nicht.	180 f./251	○ Ja	○ Nein
5 Von Verliebten sagt man oft, sie seien völlig verändert. ○ Das finde ich auch. ○ Das glaube ich nicht.	206 f.	○ Ja	○ Nein
6 Wenn man verliebt ist, will man alles für den andren tun. ○ Das finde ich auch. ○ Das glaube ich nicht.	237	○ Ja	○ Nein

Auflösung:

5–6 Übereinstimmungen
Dir könnte eine Liebe wie Krabat und der Kantorka auch passieren, denn du hältst (fast) alle Gefühle und Veränderungen, die Karabat in der Geschichte erfährt, für durchaus möglich. Vielleicht hattest du beim Ausfüllen des Tests ja auch schon jemanden bestimmten im Kopf?

3–4 Übereinstimmungen
Einiges an der großen Liebe von Krabat und Kantorka hältst du doch für etwas übertrieben oder märchenhaft, anderes aber doch für wahrscheinlich … Vielleicht hast du nur noch nicht die richtige Person gefunden, vielleicht fehlen dir oder dieser Person auch die Zauberkräfte, die das Liebespaar im Buch hat.

0–2 Übereinstimmungen
Du kannst mit der Liebe von Krabat und Kantorka wenig anfangen. Wahrscheinlich hast du Otfried Preußlers Buch eher als spannende Zaubergeschichte gelesen. Vergiss bei deinen Einschätzungen aber nicht, dass Krabat mit der Liebe in seinem ersten Jahr auch noch nicht viel anfangen konnte: „Da sei unbesorgt", sagte Krabat. „Ich mache mir nichts aus Mädchen und kann mir nicht vorstellen, wie sich das ändern sollte."

Die Mühle am Koselbruch

Fortsetzung auf Seite 33

Auf Seite 32 siehst du das Modell einer typischen Wassermühle. Mit Hilfe der „Zitate über die Mühle" kannst du das Modell beschriften.

Aufgabe

1. In den Zitaten findest du Bezeichnungen für bestimmte Räume und Teile der Mühlentechnik. Trage die Bezeichnungen in das Modell auf Seite 32 ein. Das Mühlen-Glossar hilft dir sicher bei der Zuordnung.

Zitate über die Mühle:
Die Mühle hatte sieben **Mahlgänge**. Der Tote Gang befand sich im hinteren Teil der Mahlstube. Anfangs war Krabat der Meinung gewesen, es müsse da wohl ein Zapfen im **Kammrad** gebrochen oder die **Antriebswelle** verkeilt sein. Bei näherem Hinsehen fanden sich auch im **Mahlkasten** Spuren von frischem Mehl. Neugierig stieg er die **hölzernen Stufen** zur **Bühne** hinauf, von der aus das Mahlgut sackweise in die trichterförmige **Schütte** gekippt wird, aus der es dann über den **Rüttelschuh** zwischen die (Mahl-)Steine läuft.

Sie mussten nun jeden Morgen das Eis von der Schleuse aufhacken. Über Nacht, wenn das **Mühlrad** stillstand, gefror in den **Schaufelkehlen** das Wasser zu dicken Krusten. Am gefährlichsten war, wenn das Grundeis im **Gerinne** hochwuchs.

Wortlos leuchtete er dem Jungen über die steile **Holztreppe** auf den Dachboden, wo die Mühlknappen ihren **Schlafraum** hatten.

„Da sind ein paar Säcke Korn auf den **Speicher** zu schleppen!"

„Das Getreide da, auf dem **Schüttboden** – schaufle es um!"

Die Tür zur **Schwarzen Kammer** stand offen.

MÜHLEN-GLOSSAR:
Antriebswelle: Verbindung zwischen Wasserrad und Kammrad
Bühne: Schüttboden
Gerinne: künstlich angelegter Wasserlauf unter oder über dem Wasserrad
Kamm: „Zahn" eines Rades im Mühlengetriebe
Kammrad: erstes Getrieberad einer Mühle
Mahlgang: Einrichtung zum Mahlen oder Schroten des Getreides; besteht aus einem unten liegenden Bodenstein und einem sich darauf drehenden Läuferstein
Mahlkasten: auch Bütte, Wanne, Zarge oder Steinsarg genannt; schützende Holzkästen, mit denen der Mahlgang auch umkleidet ist
Rüttelschuh: hin- und hergehende Rutsche, die das Getreide vom Trichter zu den Mühlsteinen befördert. Das dadurch entstehende Geräusch erzeugt das „Klappern der Mühle".
Schaufelkehle: Senkung der Schaufel im Wasserrad
Schüttboden: über eine Treppe zugängliche Erhöhung, von der aus das Getreide in den Trichter geschüttet wird
Schütte: in ihren Trichter wird das Getreide geschüttet

33

Der Herr Gevatter

Der Teufel hat viele Namen: Satan, Beelzebub, Diabolus, Luzifer, Versucher, Höllenfürst, der Leibhaftige, Herr Gevatter oder Mephisto. Das erste Mal finden wir den Teufel in der Bibel: als Widersacher Gottes steht er für das Böse schlechthin. In vielen literarischen Texten spielt der Teufel seitdem eine große Rolle, v.a. in Märchen und Sagen. Unten links siehst du den Ausschnitt aus dem „Krabat", in dem der Meister dem Herrn Gevatter etwas zu sagen hat. Rechts daneben findest du einen Ausschnitt aus Goethes bekanntem Drama „Faust". Dort schließt der enttäuschte Wissenschaftler Faust mit einem Teufel namens Mephistopheles einen Pakt.

Aufgaben

1. Fasse in einem Satz zusammen, welche Verpflichtungen die beiden Vertragspartner im „Faust" eingehen.

2. Tragt in der Klasse zusammen, wie wohl der Pakt zwischen dem Meister und dem Gevatter aussieht. Was erhält der Meister, was muss er geben?

3. Lest den Ausschnitt aus dem „Krabat". Was hat der Meister dem Gevatter zu sagen? Welche Rolle spielt Krabat dabei?

Gustav Gründgens als Mephisto

Aus Preußlers „Krabat"

In der Woche vor Weihnachten fuhr noch einmal der Herr Gevatter im Koselbruch vor. Die Mühlknappen stürzten hinaus, um die Säcke abzuladen. Der Fremde blieb nicht wie sonst auf dem Kutschbock sitzen: In dieser Neumondnacht stieg er vom Wagen und hinkend begab er sich mit dem Meister ins Haus. Sie sahen die Hahnenfeder hinter den Scheiben flackern, als loderte in der Stube Feuer. Im Morgengrauen kehrte der Fremde zum Wagen zurück, allein, und bestieg den Bock. Bevor er davonfuhr, wandte er sich den Burschen zu. „Wer ist Krabat?" Glühende Kohlen und klirrender Frost in einem. [...] (S. 243 f.)

Aus Goethes „Faust"

MEPHISTOPHELES:
[...] Willst du, mit mir vereint,
Deine Schritte durchs Leben nehmen,
So will ich mich gern bequemen,
5 Dein zu sein, auf der Stelle.
Ich bin dein Geselle.
Und mach ich dir's recht,
Bin ich dein Diener, bin dein Knecht!
FAUST:
10 Und was soll ich dagegen dir erfüllen?
MEPHISTOPHELES:
Dazu hast du noch eine lange Frist.
FAUST:
Nein, nein! der Teufel ist ein Egoist
15 Und tut nicht leicht um Gottes willen,
Was einem andern nützlich ist.
Sprich die Bedingung deutlich aus;
Ein solcher Diener bringt Gefahr ins Haus.
MEPHISTOPHELES:
20 Ich will mich hier zu deinem Dienst verbinden,
Auf deinen Wink nicht rasten und nicht ruhn:
Wenn wir uns drüben wiederfinden,
sollst du mir das Gleiche tun.

Sprüche und Redewendungen rund um die Mühle

Mühlen gehören zu den ältesten technischen Geräten der Menschheit und so gibt es viele Geschichten, Sagen, Sprüche und Lieder, die sich um die Mühle ranken. Man glaubte z. B., dass das vom Mühlrad abspringende Wasser Heilkraft besitze. Häufig wurden die Mühlen aber auch mit dem Teufel in Verbindung gebracht, was sich wohl aus dem steten Umgang mit der Elementarkraft des Wassers und aus der Lage der Mühlen an Wegkreuzungen erklärt. Hinter jedem der folgenden Sprüche steckt ein Stück Geschichte über den Müller und die Mühlen.

Aufgabe

1. Ordne jedem Spruch die passende Bedeutung und den entsprechenden geschichtlichen/technischen Hintergrund zu. Schneide dazu die einzelnen Bestandteile aus und klebe sie geordnet ins Heft.

Wer zuerst kommt, mahlt zuerst.

Der dreht seine Mühle immer in den Wind.

Einer der ältesten Rechtssprüche, der sich auf eine „Kundenmühle" bezieht. Bei der „Herrenmühle" z. B. wurde immer der Herr (= Grundbesitzer) bevorzugt.

Maßgeblich für die Reihenfolge ist der Zeitpunkt der Auftragserteilung, nicht etwa eine höhere Stellung oder ein höherer Rang.

Das ist Wasser auf seine Mühle.

Jemand ist opportunistisch, d. h., er richtet sich immer nach dem, was ihm gerade etwas bringt, was für ihn nützlich ist.

Eine Wassermühle kann nur dann arbeiten, wenn ein Wasserstrahl aus dem Gerinne auf die Schaufeln im Wasserrad trifft.

Sie laufen die Treppe auf und nieder, sie geben den Leuten das Ihre nicht wieder.

Müller mussten stets die Stufen zur Schütte hochlaufen, um das Korn in den Mahlgang zu schütten. Müller standen häufig im schlechten Ruf, ihre Kundschaft zu betrügen.

Etwas gereicht jemandem zum Vorteil; jemand hört genau die Meinung, die ihm passt.

Eine Windmühle kann nur dann arbeiten, wenn der Wind ihre Flügel antreibt. Darum waren die Windmühlen um eine bewegliche Achse gelagert.

Jemand betrügt einen anderen, obwohl er scheinbar aktiv für ihn arbeitet.

Krabat als Müllergeselle

Den größten Teil des Tages arbeitet Krabat auf der Mühle. Zunächst ist er nur ein Lehrjunge, dann nach Ablauf eines Jahres wird er zum Gesellen ernannt. – Wie viel Krabats Arbeit nun mit dem wirklichen Müllerhandwerk zu tun hat, erfährst du hier.

Aufgabe

1. Lies den Text.
   Markiere dabei, was dir aus dem „Krabat" bekannt vorkommt.

Alltag und Leben des Müllers

Der Beruf des Müllers hatte nicht immer den guten Ruf, den er heute genießt. Ursprünglich galt die Arbeit an der Mühle als „eines freien Mannes unwürdig", sodass man sie Frauen, Mägden oder Unfreien überließ.

5 Mit dem Anwachsen der Bevölkerung kam dann zwar den Mühlen mehr Bedeutung zu (sie erlangten zunehmenden Schutz und einige Sonderrechte), nicht aber den Müllern. Sie waren meist nur halbfreie Pächter einer Mühle, die dem Grundherrn gehörte. Diesem muss-

10 ten sie umsonst das Korn mahlen und jährliche Abgaben (Mehl oder Geld) leisten. Außerdem hatten sie die Mühle auf eigene Kosten instand zu halten. Innerhalb der Stadt war es ihnen zudem verboten, Mehl oder Korn zu verkaufen, einen Backofen zu betreiben oder Feder-

15 vieh zu halten. Wirklich reich konnten Müller mit ehrlicher Arbeit also nicht werden. Und so ist es kaum verwunderlich, dass sich mancher Müller mit Betrügereien bereicherte. Das kam so oft vor, dass sich im 16. Jahrhundert sogar ein eigenes Wort dafür entwickelte: *Mül-*

20 *lertücke.* Wegen verschiedener undurchsichtiger Händel wurden einigen Müllern sogar magische Fähigkeiten zugesprochen. Nicht selten wurde ihnen auch ein Bund mit dem Teufel nachgesagt …

Das Ansehen der Müller war aus diesen Gründen so ge-

25 ring, dass ihnen als einziges Ehrenamt das Aufstellen des Galgenpfostens für Hinrichtungen zugestanden war.

So gab es lange Zeit auch keine berufliche Ausbildung: Man diente einfach als „Mühlknappe" oder „Mühl-

30 knecht". Erst im 18. Jahrhundert – der Beruf des Müllers war immer anspruchsvoller geworden – verbesserten sich Ansehen und Organisation des Berufsstandes. Man schloss sich zu Zünften zusammen, die Regeln für den Beruf festlegten: Lehrzeit von drei Jahren, keine Ver-

35 pflichtung zur Mitarbeit im Haushalt, abschließende Prüfung mit Gesellenstück (z.B. Einsetzen eines Wasserrades), als Geselle: Wanderschaft, um Erfahrung zu sammeln.

Heute steht der vielschichtige Beruf des Müllers in ho-

40 hem Ansehen. Je nach Schulabschluss dauert die Lehre zwei bis drei Jahre. Schwere körperliche Arbeit wird weitgehend von der Technik übernommen. Im Bewusstsein der Verantwortung (die Produkte des Müllers kommen ausschließlich der menschlichen oder tieri-

45 schen Ernährung zu) wird das traditionsreiche Wissen der Müllerei weitervermittelt.

Nicht umsonst lautet der Gruß der Müller „Glück zu!". Die Gefahr begleitete sie nämlich unablässig. Überschwemmungen konnten das Wasserrad zerstören, der ständig vorhandene Mehlstaub durch Selbstentzün- 50 dung explodieren oder schnell bzw. leer rotierende Mühlsteine wie eine Granate zerplatzen. Im Verlauf vieler Generationen hatten allerdings die Müller einen geschärften Sinn entwickelt, um in der vielfältigen täglichen Geräuschkulisse von Rütteln und Schütteln, 55 Klappern, Knarren, Knattern, Knirschen, Ächzen, Brummen, Heulen, Rauschen, Klopfen, Summen Gefahren und Abweichungen zu erkennen. Dabei waren Wassermühlen weniger gefährdet als Windmühlen. Hauptgefahr waren strenge Winterfröste, die das Was- 60 serrad durch Vereisung zum Stillstand bringen konnten. Gefährlich war auch, wenn die Mühle „nichts mehr zu fressen" hatte. Da die kostbaren Mühlsteine bei Leerlauf zerstört werden können, musste der Trichter stets mit Korn gefüllt sein: „Freundlich war die Mühle überhaupt 65 nur anzusehen, wenn sie mit vollen Backen kaute."

Der Wassermüller arbeitete nicht nur, sondern wohnte auch mit seiner ganzen Familie, einschließlich Müllergesellen, in der Mühle. Im Erdgeschoss war der Bereich der Arbeit, darüber lag der des Wohnens, Schlafens und 70 Kochens.

Der Mülleralltag war so randvoll mit Arbeit, dass der Meister zumeist mehrere Gesellen beschäftigte. Da mussten die Kornsäcke der ankommenden „Mahlgäste" gezählt, gewogen, in die „Mahlpost" eingetragen und mit 75 dem Sackaufzug auf Speicher oder Schüttboden gezogen und gestapelt werden, das Korn war ständig nachzuschütten; man musste die Mühle reinigen, bei Stilllegung sichern, die Wellenlager schmieren, periodisch die Mahlsteine nachschärfen, oft verschlissene Teile aus- 80 wechseln usw., usw.

Fortsetzung auf Seite 37

Krabat als Müllergeselle

Aufgaben

2. Stelle nun gegenüber, in welchen Punkten „Krabat" mit dem Text übereinstimmt.
   (Falls nötig findest du Hinweise auf den Seiten 18, 22–26, 34, 99.)

typische Elemente des Müllerlebens	Müllerleben im „Krabat"
1. _____	1. _____
_____	_____
2. _____	2. _____
_____	_____
3. _____	3. _____
_____	_____
4. _____	4. _____
_____	_____
5. _____	5. _____
_____	_____

3. Erkläre mit Hilfe einiger Beispiele, warum die Mühle im Koselbruch trotz aller Ähnlichkeiten keine
   „normale" Mühle ist.

_____

_____

_____

_____

_____

_____

_____

_____

_____

_____

_____

_____

_____

_____

Krabats Gegend

Otfried Preußler sagt von der „Schwarzen Mühle": „Wer danach sucht, sei es auf der Landkarte, sei es vor Ort, der wird sie nicht finden, nicht einmal Überreste davon. Die Mühle im Koselbruch hat es in Wirklichkeit nie gegeben."
Die Gegend jedoch, in der „Krabat" spielt, gibt es sehr wohl:

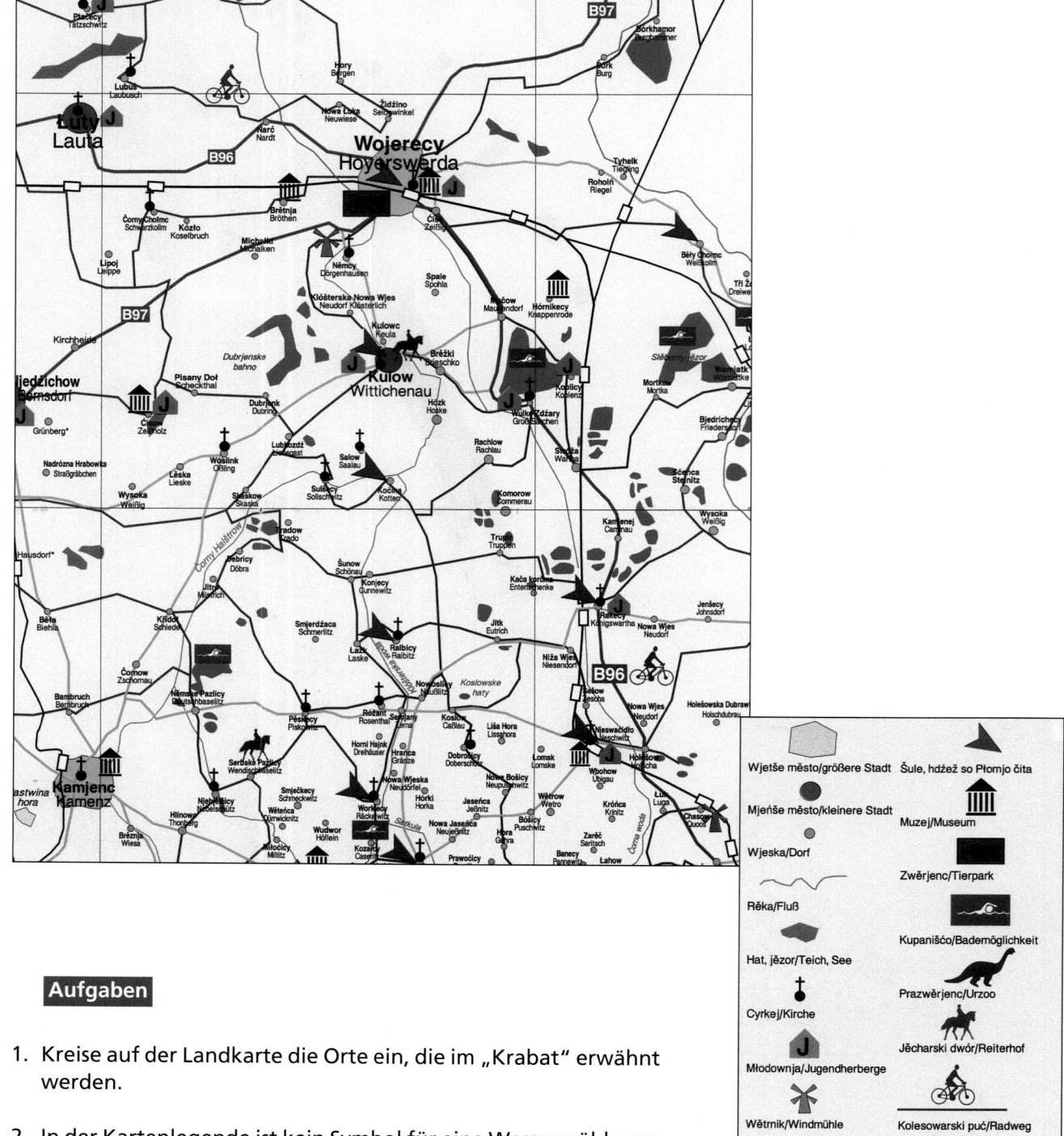

Aufgaben

1. Kreise auf der Landkarte die Orte ein, die im „Krabat" erwähnt werden.

2. In der Kartenlegende ist kein Symbol für eine Wassermühle vorgesehen. Überlege dir selbst ein Symbol und zeichne es in den vorgegebenen Rahmen.

3. Trage dein Wassermühlen-Symbol nun auch auf der Landkarte ein. Zeichne es genau dorthin, wo Krabats Mühle gestanden hätte, hätte es sie jemals gegeben.

38

Fortsetzung auf Seite 39

Aufgabe

4. Plane mit Hilfe der Karte von Seite 38 eine Fahrradtour für Krabattouristen. Dabei sollen natürlich alle wichtigen Orte besucht werden.

Station Nr.	von	nach	Kilometer	Krabat erlebte dort Folgendes:
1				
2				
3				
4				
5				
6				
7				
8				

Die Wenden und Sorben heute

„Krabat, ein Junge von vierzehn Jahren damals, hatte sich mit zwei anderen wendischen Betteljungen zusammengetan …", heißt es gleich im zweiten Satz des Buches. Und auch die Müllerknappen tragen wendische Namen: Juro (= Georg) oder Kito (= Christian). Wer aber sind die Wenden oder Sorben? Die Sorben sind heute die größte fremdsprachige Minderheit in Deutschland. Von den Problemen, mit denen das Volk der Sorben heute zu kämpfen hat, erfährst du im folgenden Text:

Milan Tillich saß Ostern gut sechs Stunden lang, die lockigen Haare unter dem Zylinder zum Zopf gebunden, auf dem Pferd. Zum Glück ließ der schwarze Gehrock seines Urgroßvaters, eine meisterliche
5 Schneiderarbeit, den Dauerregen nicht durch. „Das Osterreiten ist ein schöner Brauch", erklärt der Gymnasiast mit einer leisen, noch jungenhaften Stimme. „Es soll erhalten bleiben." Er wohnt, gut eine halbe Autostunde von Zuhause, in Bautzen im Internat
10 und bereitet sich am sorbischen Gymnasium auf die Abiturprüfung vor. [...] Als Kleinkind hat er zunächst Sorbisch, dann Deutsch gelernt. „Ganz, wie es angebracht ist", sagt er. Als die Mutter auf seinem Handy anruft, sprechen beide Sorbisch. Es klingt für eine sla-
15 wische Sprache ungewöhnlich weich und lieblich. [...]
Milan Tillich genießt die Zweisprachigkeit, das Leben in zwei Kulturen [...]. „Sorbisch sein ist nichts Schlechtes", bekennt er. „Es hat ein bisschen was Ex-
20 klusives." So will er denn auch „schon vielleicht versuchen", später einmal wieder hierher zurückzukehren, nach Studium und Ausbildung. Er will Architekt werden oder auch mit neuen Medien arbeiten, und es ist keine Frage, dass er dafür seine sorbische Hei-
25 mat verlassen muss. Das wäre für einen Abiturienten nichts Besonderes, wenn nicht die meisten Mitschüler auch weggehen würden. So wie fast alle seiner sorbischen Altersgenossen. Einige haben große Ambitionen, die sich in der Lausitz nie erfüllen lie-
30 ßen. Andere wären schon mit einer einfachen Lehrstelle zufrieden und können doch nicht bleiben. Lehrstellen gibt es in der Krisenregion Lausitz so wenig wie Arbeitsplätze für die Zeit danach.
Die Nachfrage übertrifft bei weitem das Angebot,
35 wenn Unternehmen aus Freising oder Stuttgart hier Arbeitsplätze ausschreiben. Niemand kennt genaue Zahlen über die Abwanderung. Aber in den Dörfern kennt jeder mindestens ein oder zwei Beispiele. „Die Lausitz wird ein Altersheim", fürchtet deshalb Jurij
40 Brezan, der Schriftsteller. Auch einer seiner Großneffen hat zwanzig Kilometer südlich von Stuttgart eine Lehrstelle gefunden. Längst seien auf vielen Gehöften nur noch die Alten geblieben. [...]
Brezan blickt auf Jahrhunderte zurück, in denen das
45 sorbische Volk sich immer wieder der Versuche der deutschen Herrscher erwehren musste, ihre Sprache zu verbieten und sie zu germanisieren. Und die Na-

Zweisprachigkeit

tionalsozialisten hatten den sorbischen Dachverband als eine Organisation „rassisch Minderwertiger" verboten. Damals konnten sie sich zusammen- 50 tun und kämpfen – aber heute? Es sei ja nicht nur so, dass die Leute weggehen und ihre Herkunft vergessen könnten. „Erstmals in ihrer Geschichte haben die Sorben viel mehr Gräber als Wiegen", klagt Brezan. Auch ist die Geburtenrate dramatisch zurückge- 55 gangen. „Aber was soll man dagegen tun, dass die Lausitz verödet? – Ich weiß es nicht." [...]
Bei allem Stolz auf ihre lebendigen Bräuche ärgert es viele Sorben schon lange, dass immer nur über ihre Folklore berichtet wird. Als lebten sie in der Vergan- 60 genheit wie Indianer in ihren Reservaten, als hätten sie der Gegenwart nichts zu bieten.
Als Beleg für das Gegenteil [gelten] die Kindergärten des WITAJ-Projekts. In ihnen können seit 1997 auch deutsche Kinder spielend Sorbisch als Zweitsprache 65 lernen. Das Angebot wird auch von deutschen Eltern wahrgenommen, die wollen, dass ihre Kinder mit der Sprache der Minderheit ihrer Region Bekanntschaft machen – zumal frühe Mehrsprachigkeit die Entwicklung von Kindern fördert. Es sei faszinierend zu 70 hören, wie seine Tochter Kelly mit dreieinhalb Jahren die ersten sorbischen Worte spreche, begeisterte sich ein deutscher Vater auf einer Tagung zum WITAJ-Projekt. Seine Familie zog 1995 aus dem Rheinland in die Lausitz. Er hofft, dass seine Tochter 75 später leichter slawische Sprachen lernen könne. Witaj heißt: Willkommen.
Jens Schneider

Fortsetzung auf Seite 41

Fortsetzung von Seite 40   **Die Wenden und Sorben heute**

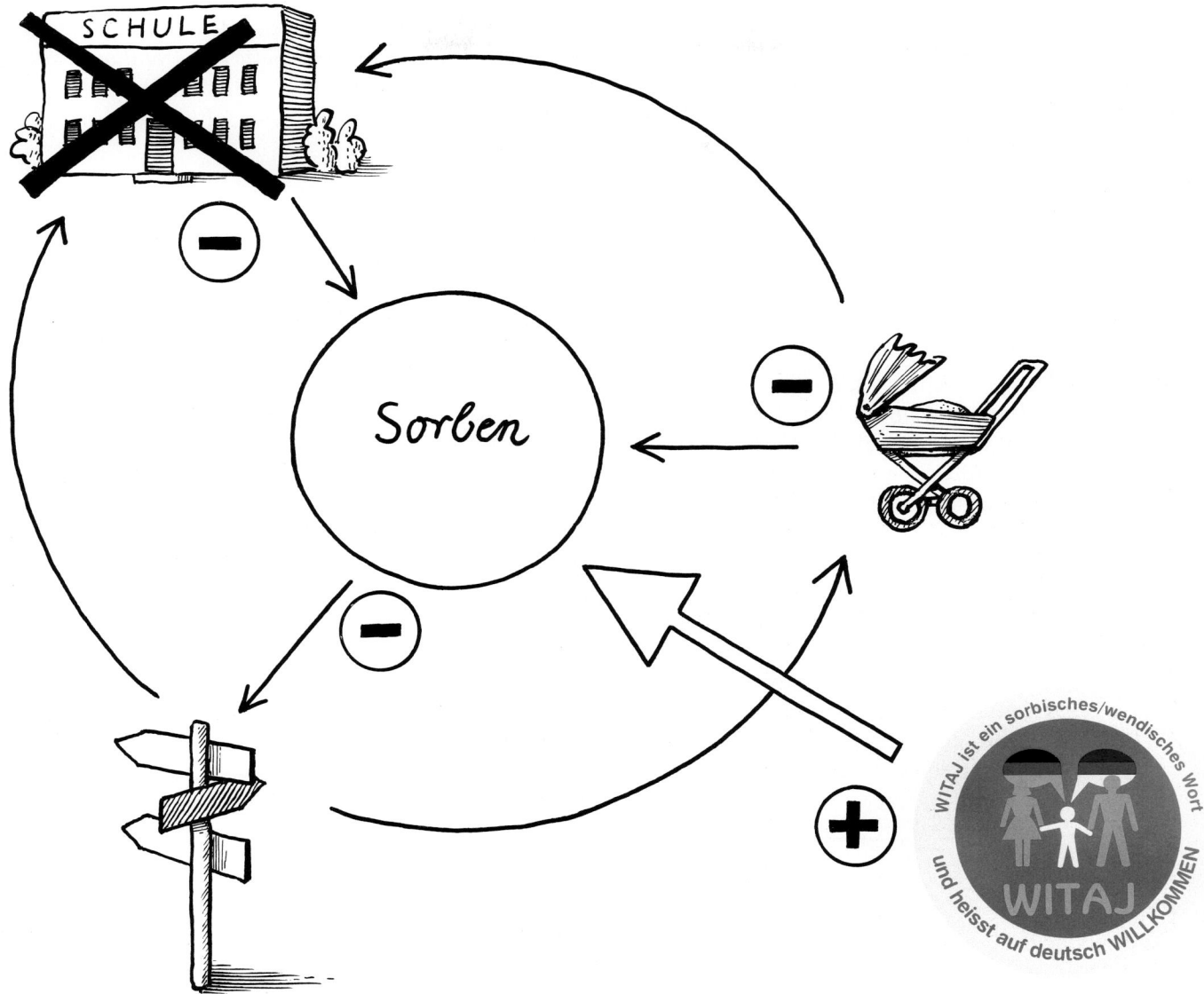

Aufgaben

1. Wofür stehen die Symbole im Schaubild? Beschrifte sie mit Hilfe des Textes auf Seite 40.

2. Erkläre das Schaubild, indem du für jeden Pfeil einen Wenn-dann-Satz formulierst, zum Beispiel:
   „Wenn immer mehr junge Sorben auswandern, dann …"
   TIPP: Achte immer auf die Richtung des Pfeils.

3. Hier siehst du denselben Satz auf Deutsch und auf Sorbisch. Verbinde die Wörter, bei denen du sicher bist, dass sie das Gleiche bedeuten.

   Die wohl bekannteste und beliebteste Gestalt im Sagenschatz der Sorben ist Krabat, der gute alte Zaubermeister.

   Drje najznaćiša a najwoblubowaniša posiawa w pokladźe serbskich powěsćow je Krabat, dobry stary kuzłarski mister.

Sorbische Feste und Traditionen

Sicher erinnerst du dich an die besonderen Osterbräuche im Dorf der Kantorka. Es handelt sich dabei um die Bräuche der Sorben, eines Volkes aus der Lausitz. Auf dieser Seite kannst du noch weitere Bräuche, Feste und Traditionen kennen lernen.

Aufgabe

1. Lies dir die einzelnen Texte auf den Seiten 42 und 43 durch.
   Notiere auf den leeren Kalenderblättern, wie du diese Festtage feierst oder welche Traditionen du kennst.

30. April und 1. Mai

Walpurgis, walpora. Am Abend des letzten Apriltags findet das Hexenbrennen (kuzlarnice palic) statt. Die Burschen und die größeren Kinder ziehen mit alten Besen hinaus, zünden sie an und tanzen mit den brennenden Besen auf den Feldern herum. Die Hexen und bösen Geister sollen durch das Feuer gebannt werden. Auch zieht man an Walpurgis mit Sensen auf Wiesen und Feldern herum, schlägt mit Steinen daran und vertreibt die Hexen durch den Lärm. Die Eingänge zum Hof werden mit Reisig besteckt, über die Stalltüre werden drei Kreuze gemacht, um die Hexen abzuhalten. Die Kühe müssen vor Sonnenuntergang an diesem Tage gefüttert und abgemolken sein. Die Stalltür wird dann geschlossen.

30. April und 1. Mai

Mai

Maibaum

Ein Hauptfest ist im Frühjahr das Aufstellen des Maibaumes (meja). Die jungen Burschen suchen im Wald den schlanksten, höchsten Baum aus, schälen ihn ab und stellen ihn auf der Dorfwiese auf. Der grüne Wipfel wird mit bunten Tüchern und Bändern geschmückt, welche die jungen Mädchen schenken. So bleibt die Meja bis zum Himmelfahrtstag oder an manchen Orten bis zum Pfingsttag stehen.

Fastenzeit

Fastenzeit

In der Fastenzeit sammelt sich eine Schar junger Mädchen und singt unter Leitung einer Vorsängerin jeden Sonntag in den Höfen des Dorfes oder auf der Dorfwiese geistliche Lieder.

Fortsetzung auf Seite 43

Fortsetzung von Seite 42   **Sorbische Feste und Traditionen**

Gründonnerstag

Ein wichtiger Tag ist der Gründonnerstag. An ihm werden die Patenkinder mit Geschenken bedacht. Auch ziehen die Kinder im Dorf umher und bitten: „Gebt uns einen Gründonnerstag", worauf sie meist kleine Pfefferkuchen erhalten. Gern isst man Honig an diesem Tag, in machen Orten der nördlichen Lausitz Honigsemmeln.

> *Gründonnerstag*

> *Osternacht*

Osternacht

In der Osternacht versammeln sich die Mädchen auf dem Pfarrhofe. Dort singen sie, eine jede auf ihrem mitgebrachten Melkschemel sitzend, bis um Mitternacht die Glocken das Auferstehungsfest einläuten. Nach Mitternacht zieht die Mädchenschar vor jedes Gehöft und singt dort ein Lied. In der Osternacht, ja auch noch am 1. Osterfeiertag wird viel gelärmt, besonders geschossen, als Zeichen der Freude, dass Christus den Tod bezwungen hat. Am Ostermorgen vor Sonnenaufgang holt man aus einem fließenden Gewässer unter völligem Stillschweigen Wasser, das Osterwasser, welches nie fault und besondere Kraft haben soll.

An Ostern beschenkt man sich in der ganzen Wendei mit bunt bemalten Ostereiern. Eine schöne Sitte ist auch das Osterreiten der katholischen Bauern.

Johannistag/Sommersonnenwende

Am 24.6., dem Johannistag, reitet ein Bursche mit einer Maske aus Birkenrinden, geschmückt mit Blumen, durch den Ort. Wer den Reiter fängt und ihn der Blumen beraubt, dem bringt es Glück.

> *Johannistag / Sommersonnenwende*

Osterwasser

Aufgabe

2. Legt einen sorbischen Festtagskalender an.
   – Ihr braucht dafür nur ein großes Kalenderblatt, in dem ihr alle Feiertage eintragen könnt.
   – Notiert auch kurz, was an diesem Tag passiert.
   – Zum Abschluss könnt ihr das Kalenderblatt noch illustrieren.

Der Kurfürst

Zur Zeit Krabats regiert August der Starke. Er ist zugleich Kurfürst von Sachsen und König von Polen. Hier findest du Aussagen seiner Untertanen.

Aufgabe

1. Löse mit Hilfe der Aussagen das Kreuzworträtsel auf Seite 45.

„Den Starken nennt man ihn, weil er Hufeisen mit bloßen Händen zerbrechen kann. Ich schwöre, ich habe es selbst gesehen. Aber er ist auch sehr beliebt bei den Damen. Man sagt, er hat 160 Kinder! Dass die nicht alle von seiner Frau sind, dürfte klar sein, hihihi."
Eine sächsische Hofdame

„Der Kurfürst hat mich eingesperrt, damit ich für ihn Gold herstelle. Ob mir das gelungen ist? Nun das „Weiße Gold" habe ich für ihn gefunden, das Porzellan. Als Erster in Europa – die Chinesen sollen es ja schon lange haben. Jedenfalls glänzt Sachsen seither mit seinem edlen Geschirr."
Johann Friedrich Böttger

„Schlossbauten, Feste, Porzellan, Kriege! Aber wir dürfen nicht betteln! Ob der Kurfürst alleine daran Schuld hat? Das würde ich nicht sagen. Aber in diesen schweren Zeiten, in denen man keine Arbeit oder Wohnmöglichkeit findet …"
Ein Lausitzer Bettler

„Jaja, der Kurfürst hat in einem der Kriege gegen die Türken in Ungarn mitgekämpft, genauer gesagt bei der Schlacht an der Bega. Die Schlacht konnten wir nicht gewinnen und ich behaupte immer noch, dass August seine Befehle völlig betrunken gegeben hat, auch wenn er das abstreitet!"
Ein General des Kaisers

„Der Kurfürst soll einen Reiterobristen namens Johann Schadowitz mitgebracht und ihm südlich von Hoyerswerda Land geschenkt haben, das Gut Groß-Särchen. Das alles, weil ihn der Mann aus türkischer Gefangenschaft retten konnte. Schadowitz kommt aus Kroatien, manche Leute sagen daher „Krabat" zu ihm und behaupten, er könne zaubern! Man muss ja nicht alles glauben, was die Leute reden, ts, ts, ts."
Eine Näherin aus Wittichenau

August der Starke (1670–1733), Kurfürst von Sachsen und König von Polen

„Also wirklich! Was soll man davon halten? Ich will ja nichts gegen den Kurfürsten sagen, aber …
Die Polen wollten nur einen Katholischen zum König machen, da hat sich August einfach von evangelisch auf katholisch umtaufen lassen. Machtvergrößerung ist dem wohl wichtiger als seine Religion?"
Ein evangelischer Bischof

„Wir, die Adligen, haben ihn zum König gewählt. Na gut, da war eine Menge Geld im Spiel, Bestechungsgeld für die Wähler, „Handsalben" nennt man das. Wenn er schon König über unser schönes Polen sein will, dann muss ihn das schließlich auch etwas kosten! Andere wollten Polen ja auch haben: Der Schwedenkönig Karl XII. hat es ihm für einige Jahre abgejagt!"
Ein polnischer Adliger

„Ja, ich durfte August den Starken einmal von weitem auf einem Fest sehen – das ist eine große Ehre: den König von Polen, den Kurfürsten! Das ist einer von nur sieben Fürsten, die den Kaiser wählen, also küren dürfen! Was für ein prachtvolles Fest! August versteht es, zu feiern. Er ließ einen künstlichen See ausheben, um Seeschlachten nachzuspielen, und errichtete am See einen Leuchtturm!"
Ein wendischer Bauer

„Der König braucht Soldaten für seine Kriege – gegen Schweden oder Türken – und wir bringen sie ihm. So viele wollen nicht freiwillig zum Heer unseres Kurfürsten; denen erzählen wir ein paar Märchen, spendieren ihnen viel zu essen, noch mehr zu trinken und wenn sie dann wieder aufwachen, stecken sie schon in Uniform. Dafür bekommen wir gutes Geld!"
Sächsischer Soldatenwerber

Fortsetzung auf Seite 45

Der Kurfürst

Kurfürst-Kreuzworträtsel

Runter:

1 „Kurfürst" ist schon ein hoher Titel, aber **dort** König sein …
2 **Schmiert** die Hände von Wählern …
3 Mitgebracht aus dem Krieg, kriegt **er** ein Geschenk.
4 Wenn August noch **das** ist, wählen ihn die Polen.
5 **Ihm** verbot August seinen Beruf …
6 Der Goldjunge findet immerhin **dieses** Material.
7 Aus **diesem Land** kommt Karl XII.
8 Alle Pferde sollen die Schuhe vor dem Stall ausziehen, damit der König **sie** zerbrechen kann!

Rüber:

9 In **dem Beruf** betrügt man manchmal andere, damit sie einen bestimmten Beruf ergreifen.
10 **Er** steht sonst am Meer, nur beim Kurfürsten von Sachsen nicht …
11 **Hier** hat August mitgekämpft und/oder zu viel getrunken?

TIPP: Achte auf die fett gedruckten Wörter.

Das Kirchenjahr und das Mühlenjahr

Im „Krabat" können wir erkennen, dass das Leben der Menschen sich früher sehr stark an den kirchlichen Feiertagen orientiert hat. Diese Feiertage haben alle einen festen Platz im so genannten Kirchenjahr. Das Kirchenjahr beginnt immer am 1. Advent, und weil alle Feiertage jedes Jahr wiederkehren, lässt es sich als Kreis darstellen.
Auf dieser Seite siehst du zwei Kreise: den Kreis des Kirchenjahres und in der Mitte den Kreis des Mühlenjahres. So kannst du feststellen, dass das Kirchenjahr und das Mühlenjahr viele Gemeinsamkeiten aufweisen, aber auch, dass das Kirchenjahr dreimal so groß gezeichnet ist wie das Mühlenjahr.

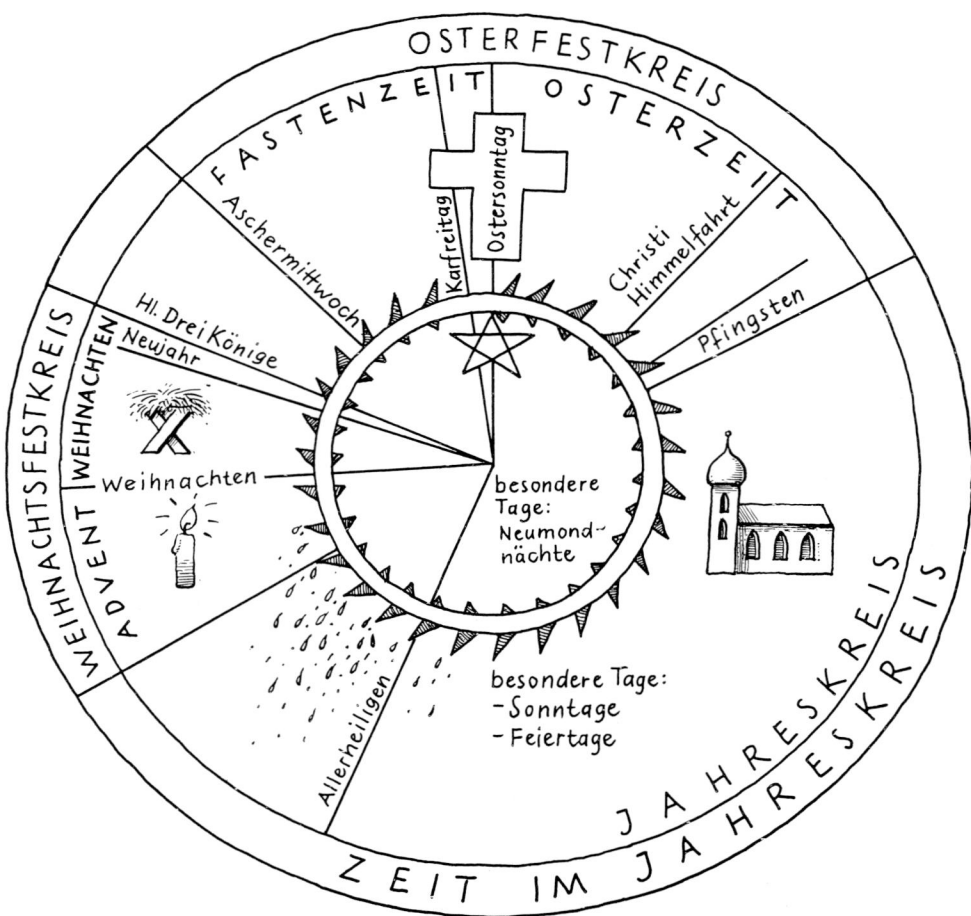

Aufgaben

1. Erkläre, warum das Kirchenjahr dreimal so groß dargestellt ist wie das Mühlenjahr.
   TIPP: Wenn du Hilfe brauchst, lies auf Seite 100 und 101 nach.

2. Kläre mit Hilfe eines Lexikons die folgenden Begriffe.
   Erkläre die Begriffe jeweils mit einem ganzen Satz.

   Allerheiligen: _____

   Christi Himmelfahrt: _____

   Aschermittwoch: _____

   Pfingsten: _____

3. Schau dir das Kirchenjahr genau an.
   Schreibe auf, welche Tage des Kirchenjahres für dich von Bedeutung sind.
   TIPP: Wenn du genauere Informationen zum Kirchenjahr haben willst, lies Seite 48 dieses Heftes.

Das Jahr der Kantorka und das Jahr Krabats

Im Jahresablauf Krabats und im Jahresablauf der Kantorka gibt es dieselben Feiertage. Aber diese Feiertage werden ganz unterschiedlich begangen.
Auf den Seiten 47 und 48 kannst du gegenüberstellen, was die Feiertage für die Kantorka und für Krabat bedeuten.

Aufgaben

1. Schneide die Definitionen (Erklärungen) der Feste und Feiertage aus.

Höchster Feiertag der christlichen Kirchen; Feier der Auferstehung Jesu.
Wie am Heiligen Abend beginnt der Gottesdienst in der Nacht, sodass
der Übergang vom Dunklen zum Hellen miterlebt werden kann.

An diesem Wochentag gedenkt man das ganze Jahr hindurch des Leidens Jesu;
gemäßigter Fastentag (z. B. Fleischverzicht).

Fest der Geburt Christi, wird am 25. Dezember gefeiert.
Der 24. Dezember ist der Heilige Abend vor dem Weihnachtsfest.

Ursprünglich kein christliches Fest; wurde ursprünglich entweder als
„Fest der Beschneidung Jesu" (8 Tage nach der Geburt am 25.12.)
oder aber als „Hochfest Mariens und des Namen Jesu" gefeiert.

Erster Tag der Woche. An diesem Tag gedenkt man das ganze Jahr hindurch der Auferstehung Jesu.

Todestag Christi, strenger Fasttag, Kirchenglocken sind verstummt;
von Arbeit freigehalten.

Zweiter Tag der drei Ostertage; Tag der Grabesruhe Christi; Fasttag;
Tag der Ruhe, auch in der Kirche.

Zeit der Vorbereitung auf Weihnachten, geprägt von freudiger und
vertrauensvoller Erwartung; umfasst drei Wochen plus die Tage
zwischen dem vierten Adventssonntag und Weihnachten.

Die Weisen aus dem Morgenland können als Symbol für drei Gaben,
drei Lebensalter und drei Menschenrassen gelesen werden.
Das Umhergehen (Sternsinger) gilt als Zeichen für die Suche nach Jesus.

---

2. Ordne die Definitionen den Feiertagen auf Seite 48 zu.
   Klebe die Definitionen dann in die linke Spalte der Tabelle.

3. Notiere in der rechten Spalte der Tabelle (Seite 48), was Krabat an diesen Feiertagen macht.
   Die Seitenangaben helfen dir.

Fortsetzung auf Seite 48

Fortsetzung von Seite 47

Das Jahr der Kantorka und das Jahr Krabats

Jahr Krabats

Jahr der Kantorka

Advent	Weihnachten	Neujahr	Dreikönigstag	Karfreitag	Karsamstag	Ostersonntag	Freitage	Sonntage
S. 85:	S. 86/87:	S. 213:	S. 17/18 und S. 96/97:	S. 39/40 und S. 117:	S. 44–52:	S. 54 f.:	S. 22 und S. 57:	S. 22:

Die Mühle im Volkslied

Das Motiv der Mühle taucht in vielen Gedichten und Volksliedern auf. Hier findest du eines der bekanntesten Mühlen-Volkslieder. Wilhelm Müller hat es 1818 geschrieben. Die wohl berühmteste Vertonung stammt von Friedrich Zöllner aus dem Jahre 1844.

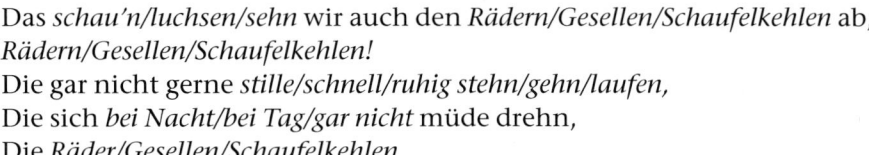

Aufgaben

1. Stelle das Volkslied in der Originalfassung wieder her.
   Streiche dafür jeweils zwei der schräg gestellten Varianten.

   Wilhelm Müller
   Das *Schlafen/Wandern/Mahlen* ist des Müllers *Lust/Last/Freud'*

   Das *Schlafen/Wandern/Mahlen* ist des Müllers *Lust/Last/Freud'*,
   Das *Schlafen/Wandern/Mahlen!*
   Das muss ein *schlechter/guter/fauler* Müller sein,
   Dem *niemals/nur noch/ständig* fiel das *Schlafen/Wandern/Mahlen* ein,
   Das *Schlafen/Wandern/Mahlen.*

   Vom *Wasser/Mühlrad/Meister* haben wir's *gelernt/gehört/bekommen,*
   Vom *Wasser/Mühlrad/Meister!*
   Das hat nicht *Pause/Rast/Ruh'* bei *Tag und Nacht/Nacht und Tag/Neumond,*
   Ist stets auf *Wanderschaft/Fließen/Drehen* bedacht,
   Das Wasser/Das Mühlrad/Der Meister.

   Das *schau'n/luchsen/sehn* wir auch den *Rädern/Gesellen/Schaufelkehlen* ab,
   Rädern/Gesellen/Schaufelkehlen!
   Die gar nicht gerne *stille/schnell/ruhig* *stehn/gehn/laufen,*
   Die sich *bei Nacht/bei Tag/gar nicht* müde drehn,
   Die *Räder/Gesellen/Schaufelkehlen.*

   Die *Mühlen/Steine/Lasten* selbst, so *schwer/leicht/federnd* sie sind,
   Die *Mühlen/Steine/Lasten!*
   Sie *hüpfen/liegen/tanzen* mit den *muntern/faulen/tapfern* Reihn
   Und wollen gar *noch/nicht/gleich* *schneller/langsamer/besser* sein,
   Die *Mühlen/Steine/Lasten.*

   O *Schlafen/Wandern/Mahlen,* meine *Lust/Last/Freude,*
   Schlafen/Wandern/Mahlen!
   Herr *Gevatter/Müller/Meister* und *Frau/Fräulein/Schwester* Meisterin,
   Lasst mich in *Ärger/Frieden/Freuden* *weiterziehn/schlafen/arbeiten*
   Und wandern.

2. Schreibe mit eigenen Worten auf, was den Müller nach dem Volkslied ausmacht.

   _____

   _____

   _____

3. Wo findet sich im „Krabat" das Motiv des „wandernden Müllers"? Bei _____

Die Entwicklung der Mühlen

Seit Krabats Zeiten hat sich die Anzahl der Mühlen und die Menge des Getreides, das sie mahlen (= Vermahlung), stark verändert.
Hier siehst du eine Tabelle mit Angaben zur Anzahl der Mühlen in Deutschland von 1950 bis 2000, zur jährlichen Gesamtvermahlung dieser Mühlen und zur durchschnittlichen Vermahlung je Mühle.

Zeit	Zahl der Mühlen in Deutschland (gerundet)	Vermahlung in t (gerundet)	Durchschn. Vermahlung je Mühle in t (gerundet)
1950	19 000	8 600 000	500
1960	9 200	8 100 000	1 300
1970	5 400	7 100 000	2 000
1975	3 500	7 000 000	2 800
1980	2 500	7 700 000	3 500
1985	1 000	7 400 000	6 500
1990	690	7 200 000	10 500
1995	540	7 200 000	13 400
2000	460	7 700 000	16 700

Aufgabe

1. Nutze die Informationen aus der Tabelle, um die folgenden Fragen zu beantworten.
   Wenn es mehrere richtige Antworten gibt, kreuze auch mehrere Antworten an.

Frage 1: **Was lässt sich zu der Zahl der Mühlen in Deutschland von 1950 bis 2000 sagen?**
A: Sie ist leicht gesunken. ☐
B: Die verhältnismäßig größte Veränderung weist sie zwischen 1980 und 1985 auf. ☐
C: Sie ist um etwas mehr als die Hälfte gesunken. ☐
D: Die absolut größte Veränderung weist sie zwischen 1990 und 2000 auf. ☐

Frage 2: **Was lässt sich zur jährlichen Vermahlung in t insgesamt aussagen?**

_____

_____

Frage 3: **Die Tabelle zeigt,**
A: dass in Deutschland immer weniger Mehl benötigt wird. ☐
B: dass andere Lebensmittel, wie z. B. Fleisch, wichtiger als Brot werden. ☐
C: dass es in Deutschland ein „Mühlensterben" gibt. ☐
D: dass die Leistungsfähigkeit der Mühlen enorm gestiegen ist. ☐
E: dass die Zahl der Mühlen langsam wieder ansteigt. ☐

Frage 4: **Welche Mühlen-Entwicklung muss deiner Ansicht nach stattgefunden haben, wenn du die durchschnittliche Vermahlung je Mühle in t pro Jahr betrachtest?**

_____

_____

Das geht doch nicht mit rechten Dingen zu …

Aufgaben

1. Auch für Fantasiegeschichten gibt es ein paar Regeln.
   Mit Hilfe des Lückentextes und des Wortspeichers kannst du die Regeln lernen.

> unsichtbar; Tiere; Wirklichkeit; Stuhl; Hauptteil; abwechslungsreiche; Wesen; seltsame; logische; spannende

In einer Fantasiegeschichte können _____ Dinge geschehen, die in der

_____ so nicht vorkommen. So kann es nicht nur sein, dass Menschen schrumpfen

oder _____ sind, sondern es ist auch möglich, dass dir plötzlich seltsame

_____ begegnen (z. B. eine Hexe oder auch ein sprechender norwegischer

Stachelbuckel) oder _____ und Gegenstände zu sprechen beginnen.

Trotzdem musst du darauf achten, dass alles richtig ineinander spielt. Die Personen und die fantastischen

Gegenstände sollten zusammenpassen und auch der _____ Ablauf der Geschichte muss

stimmen. So kannst du z. B. als geschrumpfter Schüler nicht so einfach auf einem _____

Platz nehmen.

Freilich gelten auch hier die üblichen Regeln des Erzählens: der Aufbau (Einleitung,

_____, Schluss), der _____ Höhepunkt, das Präteritum als Erzählzeit

sowie die lebendige und _____ Sprache.

2. Lies die folgende Idee für eine Fantasiegeschichte. Denk dir dazu eine vollständige Geschichte aus und schreibe sie in dein Heft. Beachte dabei die Regeln aus Aufgabe 1.

Du kannst zaubern
Im Kapitel „Feldmusik" (S. 69 bis 79) spielen Tonda und die anderen Gesellen den Soldatenwerbern übel mit. Sie lassen sie in aller Öffentlichkeit zur Musik tanzen. Stell dir vor, du könntest für eine Stunde zaubern und würdest – genau wie Tonda – jemanden etwas machen lassen, das der eigentlich gar nicht will. Wem würdest du eine Lehre erteilen? Und wie?

Das neue Cover

Viele Leser richten sich beim Kauf eines Buches nach dem Titelbild, dem so genannten Cover.

Aufgaben

1. Dieses „Krabat"-Cover kennst du bestimmt.
   Es ist von Herbert Holzing und stammt aus
   dem Jahr 1988.
a) Beschreibe das Cover. Gehe dabei darauf ein,
   welche Wirkung Holzing bei seinen
   Betrachtern hervorrufen will.
b) Schreibe deine persönliche Meinung zu dem
   Cover auf. Gefällt es dir?
   Was würdest du ändern?

2. Gestalte nun selbst ein neues Cover für den Krabat. Es soll Leute deines Alters ansprechen.
   ACHTUNG: Auf der Cover-Checkliste findest du noch Hinweise, die du beachten solltest.

Cover-Checkliste
* Das Coverbild sollte etwas mit dem
  Inhalt des Buches zu tun haben.
* Ein Cover besteht nicht nur aus
  dem Bild. Es zeigt außerdem
    – den Namen des Autors,
    – den Titel des Buchs,
    – den Namen des Verlags.

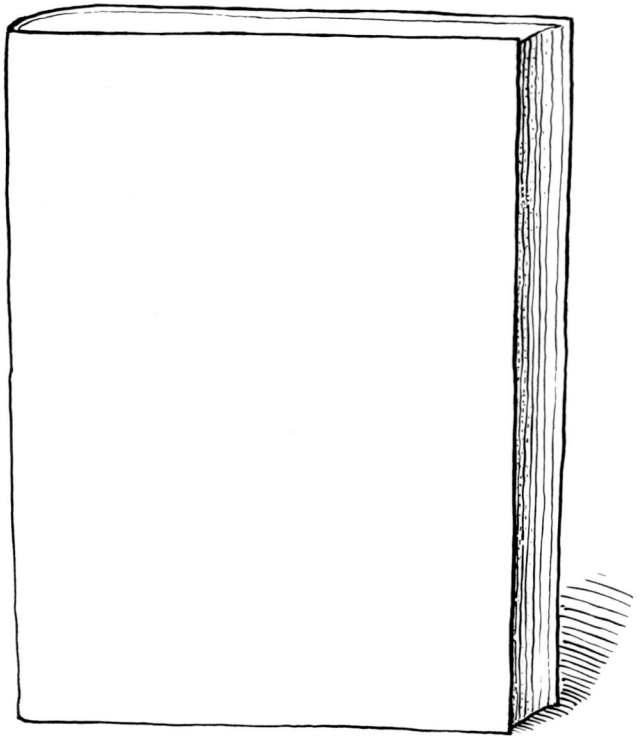

3. Jedes Cover hat auch eine Rückseite. Schreibe einen kurzen Klappentext, der für das Buch wirbt.

Die Geschichte ist noch nicht zu Ende – ein neuer Schluss

Er ließ sich von ihr aus der Mühle führen, sie führte ihn durch den Koselbruch nach Schwarzkollm hinüber. „Wie hast du mich", fragte er, als sie die Lichter des Dorfes zwischen den Stämmen aufblinken sahen, hier eines, da eins – „wie hast du mich unter den Mitgesellen herausgefunden?" „Ich habe gespürt, dass du Angst hattest!", sagte sie. „Angst um mich: Daran habe ich dich erkannt." Während sie auf die Häuser zuschritten, fing es zu schneien an, leicht und in feinen Flocken, wie Mehl, das aus einem großen Sieb auf sie niederfiel.

Ende?

So beendet Otfried Preußler seinen „Krabat". Die Handlung bricht direkt nach dem Höhepunkt ab, Krabat und seine Kantorka setzen ihren Weg von nun an alleine fort. Nur, wir wüssten schon gerne, wie es mit Krabat und der Kantorka, dem Meister und Juro weitergeht.

Aufgabe

1. Schreibe selbst ein neues Schlusskapitel. Hier einige Vorschläge:

- Der fleißige Krabat baut in Schwarzkollm eine eigene Mühle auf und wird bald zu einem angesehenen Bürger. Krabat und seine Kantorka sind inzwischen verheiratet, haben Kinder und stehen in so hohem Ansehen, dass Krabat zum Bürgermeister gewählt wird.
  Eines Tages muss er als Bürgermeister eine große Gefahr von den Schwarzkollmern abwenden. Scheinbar hat er doch nicht alle Zauberkraft verloren …

- Krabat und Kantorka haben nach all den Geschehnissen die Lausitz verlassen und in Prag, der Hauptstadt des Königreiches Böhmen, eine neue Existenz gegründet. Dort trifft Krabat nach über 20 Jahren per Zufall den „dummen" Juro wieder …

- das Ende des Meisters

- deine eigene Idee

Tipp: Regeln und Anregungen für das Schreiben einer Fantasiegeschichte findest du auf Seite 51.

Krabat und der Pfarrer zu Kulow

*Diese Geschichte stammt aus der ursprünglichen Krabat-Sage, die Otfried Preußler
als Vorlage gedient hat.*

Dreimal also hatte Krabat dem König aus der Not geholfen, ihm das Leben gerettet und ihm geholfen, als er sich selber weder helfen noch raten konnte.
Davon erzählten die Leute im ganzen Land und auch davon, wie klug und wei-
se und mächtig dieser Zauberer sei. Sein Ruhm stieg wie das Hochwasser nach
5   der Schneeschmelze im Frühling. Auch die Junker verachteten nicht länger
den ehemaligen sorbischen Hörigen und Hirten, den sie sonst wie einen Wurm
zu treten pflegten, sondern umschmeichelten ihn und drängten ihm ihre
Freundschaft auf. Es kann ja niemals schaden, sich gut und günstig mit einem
zu stehen, der am königlichen Hofe angesehen ist!
10 Aber Krabat gab nichts auf die öligen Reden und Schmeicheleien des Junker-
packs, das wie eine Klette sich an ihn hängte und ihn mit Einladungen über-
häufte und dauernd ihn bestürmte, sie mit irgendwelchen Zaubereien und He-
xenkunststückchen zu unterhalten. Nicht nur die Junker, sondern auch die
Pfaffen bemühten sich gar sehr um Krabats Freundschaft:
15 Was denn, ein Freund des Königs ist ein großer Mann, mag er zehnmal ein Zauberer sein, mit solch einem darf man es nicht verschütten, und von seiner
Hand fällt immer etwas ab!
Vor allem der Pfarrer zu Kulow hatte Krabat ins Herz geschlossen, oft besuchte
er ihn, um mit ihm zu plaudern, und häufig bewirtete er ihn in seinem Pfarr-
20 haus in Kulow. Nur eines war Krabat zuwider: Der Pfarrer pflegte ihm ständig
und dauernd in den Ohren zu liegen, Krabat möchte ihm zur Unterhaltung
doch etwas vorzaubern.
„Na warte", sprach Krabat bei sich, „ich werde dich anführen, dass du lange
daran denken sollst!"
25 Und er nahm ein Mäßlein Hafer und schüttete es in den Herdkessel. Dann
murmelte er einen Zauberspruch aus seinem Zauberbuch, und aus dem Herdkessel – schau! – fingen an Soldaten herauszusteigen, einer nach dem anderen,
eine ganze Kompanie, was sage ich – ein ganzes Regiment Fußsoldaten stellte
sich in Reih und Glied auf und die Pfarre zu Kulow und ihre Umgebung war rot
30 vor lauter Soldaten.
Das war einmal ein großartiges Stück! Die Soldaten begannen zu exerzieren,
die Hauptleute schrien und die Trommler trommelten und die Fußsoldaten
fochten mit ihren Säbeln und spielten sich gar wild mit Gewehr und Bajonett
auf, sodass der Pfarrer und seine Köchin sich gar nicht satt sehen konnten
35 und ein übers andere Mal verwundert die Hände über dem Kopf zusammen-
schlugen.

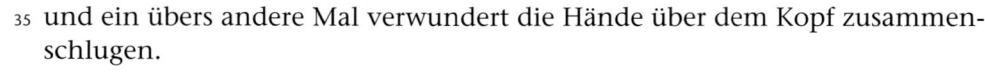

Fortsetzung auf Seite 55

Die Soldaten aber hörten nun mit Waffenspiel und Exerzieren auf, offensichtlich ver-
langten sie zu essen und zu trinken. Drum begannen sie des Pfarrers Hühner, Enten und
Gänse einzufangen und von den Nestern die Eier einzusammeln, und aus dem Stall zo-
40 gen sie ein fettes Schwein heraus und aus dem Keller schleppten sie Flaschen römischen
Weines herauf. Da runzelte der Herr Pfarrer nun doch die Stirn: Diese Seite der Geschichte gefiel ihm gar wenig, das können wir verstehen, und der Herr Pfarrer machte
den Soldaten mit fester Stimme klar, dass Stehlen eine große Sünde sei, und sie sollten
es lassen, nun, er schimpfte nicht wenig.
45 Die grobschlächtigen Soldaten aber waren durchaus nicht willens in Sack und Asche zu
wandeln, sondern ergrimmten im Gegenteil gar sehr und nahmen die tadelnden Worte des Herrn Pfarrers übel auf. Sie bedrängten den Herrn Pfarrer und begannen ihn mit
Gewehrkolben zu stoßen und mit Säbeln und Bajonetten zu kitzeln, dass er arg ins
Fürchten kam und Krabat zu Hilfe rief.
50 Nun, Krabat erbarmte sich, holte sein Zauberbuch her-
bei, brummelte seinen Zauberspruch, aber von rück-
wärts, worauf die Soldaten sich wieder in Reih und
Glied aufstellten und in den Herdkes-
sel zurückmarschierten, aus dem
55 sie gekommen waren, und darin
blieb schließlich nichts weiter
liegen als ein kleines Häuflein
Hafer.
Der Herr Pfarrer von Kulow
60 aber hat nie wieder Krabat ge-
beten, ihm doch etwas vorzu-
zaubern.

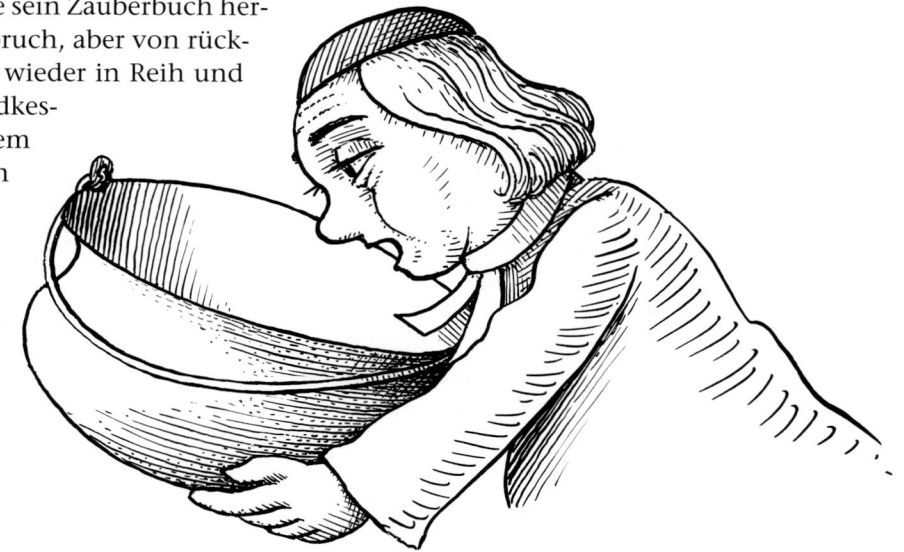

Aufgaben

1. Erzähle, wie es mit Krabat nach seinen Jahren in der Mühle weitergegangen sein muss, damit er diese
Geschichte erleben konnte.

2. Vergleiche die Darstellung der Soldaten in dieser Geschichte mit dem Kapitel „Feldmusik" in Preußlers
„Krabat". Notiere Unterschiede und Ähnlichkeiten.

_____

_____

_____

3. „Und die Moral von der Geschicht' …" – diese Wendung kennst du vielleicht aus Fabeln. Auch hier wird
dem Pfarrer von Kulow eine Lehre erteilt. Schreibe in einem Satz auf, was der Pfarrer gelernt haben
sollte.

_____

_____

Pumphutt nimmt einen Müller beim Wort

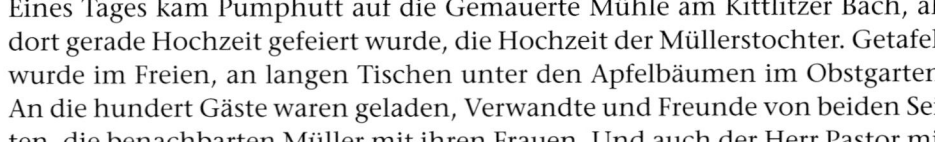

Eines Tages kam Pumphutt auf die Gemauerte Mühle am Kittlitzer Bach, als dort gerade Hochzeit gefeiert wurde, die Hochzeit der Müllerstochter. Getafelt wurde im Freien, an langen Tischen unter den Apfelbäumen im Obstgarten. An die hundert Gäste waren geladen, Verwandte und Freunde von beiden Sei-
5 ten, die benachbarten Müller mit ihren Frauen. Und auch der Herr Pastor mit seiner Frau war selbstverständlich dabei. Es gab reichlich zu essen und reich-lich zu trinken. Der Mauermüller war ein begüterter Mann, er wusste, was er den Gästen schuldig war. „Tut euch bloß keinen Zwang an!", rief er. „Wenn Mauermüllers Rosina heiratet, lässt sich der Mauermüller nicht lumpen!"
10 Auch für Tafelmusik war gesorgt. Es sangen die Geigen, es juchzte die Klari-nette, ein Dudelsack quäkte, der Schusterbass machte schrumm-schrumm da-zu.

Auf einen Hochzeitsgast mehr oder weniger kam es dem Mauermüller am Kittlitzer Bach nicht an. Pumphutt war ihm willkommen, er musste sich
15 an den Tisch mit den jungen Leuten setzen.

Die Gäste ließen sich schmecken, was ihnen die mauermüllerschen Mägde auftrugen: Suppe und dreierlei Braten, Hefeknödel in brauner Tunke, gedüns-teten Rotkohl mit Speck und Apfelkraut, Streuselkuchen und Gugelhupf, Kaf-fee und süße Sahne. Alle waren bei bester Laune, alle sprachen dem Hoch-
20 zeitsmahl wacker zu. Der Herr Pastor wollte gerade ein Wohl auf das edle Brautpaar ausbringen, da betraten vier Bettelkinder den Obstgarten, rotznasig, barfuß, in abgerissenen Kitteln und fadenscheinigen Hosen. Sie stellten sich vor dem Tisch der Brautleute auf und begannen zu singen, mit dünnen Stimm-chen, aber aus voller Kehle:
25 „Wir wünschen der Braut einen goldenen Fisch, dem Bräutigam einen golde-nen Tisch, dem Brautvater ein Paar goldene Schuh, der Brautmutter goldene Strümpfe dazu, den Hochzeitsgästen ein goldenes Kleid, Glück und Gesund-heit zu aller Zeit."

Hierauf streckten sie ihre mageren braunen Hände dem Mauermüller entge-
30 gen und riefen ihm zu:

„Brautvater, du sollst leben, uns zu essen geben. Gibst du uns zu essen nicht, kriegst du goldne Schuhe nicht. Glück ist launisch, Glück ist blind, gib zu essen uns geschwind!"

Die Gäste lachten und klatschten Beifall, der Mauermüller indessen bekam
35 einen roten Kopf und knurrte: „Ich werde euch mal was sagen, Rotznasen! Erst gebettelt und dann gestohlen – das kennt man ja. Schert euch weg da, Gesin-del, bevor ich euch Beine mache!"

Pumphutt taten die Kinder Leid. Er versuchte, beim Mauermüller ein gutes Wort für sie einzulegen. „Ach, Meister, warum denn gleich böse werden.
40 Siehst du nicht, dass sie Hunger haben? Sie werden dich schon nicht arm essen." „Papperlapapp!", widersprach ihm der Müller. „Ich mag keine Bettel-kinder auf der Gemauerten Mühle. Hier haben die nichts verloren, hier krie-gen die nichts – und wenn mir das Rad von der Welle springt!"

Aufgabe

1. Überlege dir, bevor du weiterliest, wie die Geschichte weitergehen könnte.
   TIPP: Der Titel gibt dir einen Hinweis.

Fortsetzung auf Seite 57

Er meinte das Mühlrad, das fest auf der Mühlenwelle verkeilt war. Es war eine
45 Redensart, die unter Müllern und Müllerburschen gebräuchlich war. Pumphutt erwiderte nichts darauf. Er fasste sich bloß, wie zufällig, an den Hut. Da
erschraken die Hochzeitsgäste nicht schlecht! Denn plötzlich ließ sich ein
dumpfes Poltern vernehmen, das kam von der Mühle her. Und als sie hinü-
berblickten – was sahen sie da? Sie sahen, dass sich das große hölzerne Was-
50 serrad von der Mühlenwelle gelöst hatte und heruntergesprungen war. „He!",
rief der Mauermüller verdattert. „Wie gibt's denn so was?" Pumphutt winkte
den Bettelkindern, gemeinsam mit ihnen verließ er die Hochzeitstafel. Und
war es zu fassen? – Das Mühlrad begann zu rollen! Es rollte klabuster-klabaster
quer durch den Obstgarten, immer den Bettelkindern und Pumphutt nach.
55 Das ging nicht mit rechten Dingen zu! Der Herr Pastor musste zur Seite springen, sonst hätte das Mühlrad ihn glatt und platt gewalzt. Pumphutt führte die
Kinder auf einen Hügel jenseits des Baches. Brav wie ein Hündchen folgte
ihnen das Mühlrad nach. Als sie anhielten, hielt es auch an. Es schwankte ein
bisschen nach links, es schwankte ein bisschen nach rechts, als hätte es einen
60 Rausch. Dann kippte es auf die Seite – und bums! lag es da.
Nicht lange, so kamen der Mauermüller und der Herr Pastor, die Brautleute
und die Hochzeitsgäste herbeigelaufen. „Was soll das!", riefen sie, aufgeregt
mit den Armen fuchtelnd. „Was soll das, zum Kuckuck!" „Na – was wohl?", erwiderte Pumphutt. „Der Meister hat es doch selbst gesagt. Das Rad soll ihm von
65 der Welle springen, bevor er den Bettelkindern was abgibt vom Hochzeits-
schmaus." Der Mauermüller begann zu ahnen, mit wem er es da zu tun hatte.
Der schmale goldene Ohrring, der große Hut mit der breiten Krempe ... Wie
Schuppen fiel es ihm von den Augen. „Ich glaube fast, du bist Pumphutt!
Konntest du das nicht gleich sagen?" „Nein", sagte Pumphutt. „Aber nun
70 weißt du ja hoffentlich, was du zu tun hast, Meister. Bevor die vier Kinder nicht
satt sind, hast du kein Rad an der Mühle." Da überwand sich der Mauermüller
und sagte zu Pumphutt: „Na gut, wie du willst. Die Kinder sollen mir an der
Hochzeitstafel willkommen sein." Doch Pumphutt war anderer Meinung, er
sagte: „Du wolltest sie an der Hochzeitstafel nicht haben, Meister – jetzt magst
75 du sie hier bewirten, auf diesem Hügel." Eigenhändig musste der Mauermüller
den Kindern die Suppe herbeitragen, dazu dreierlei Braten, Hefeknödel in
brauner Tunke, gedünsteten Rotkohl mit Speck und Apfelkraut. Und Streuselkuchen und Gugelhupf, gezuckerte Preiselbeeren und Backpflaumen, Kaffee
und süße Sahne. Die Kinder aßen davon, bis sie nicht mehr konnten. Den Rest
80 packte Pumphutt ihnen zum Mitnehmen in ein Tuch.
„Und jetzt", schlug er vor, „jetzt singt ihr dem Mauermüller das Lied noch einmal!" Das kleinste Mädchen begann zu singen, die anderen stimmten ein.
Noch einmal sangen sie also das Lied vom goldenen Fisch und vom goldenen
Tisch, vom goldenen Kleid und den goldenen Schuhen. Als sie zu Ende waren,
85 erhob sich das Mühlrad vom Boden und rollte klabuster-klabaster zur Mühle
zurück. Dort angekommen, hüpfte es ganz von selbst auf die Mühlenwelle,
und alles war wieder in guter Ordnung auf der Gemauerten Mühle am Kittlitzer Bach. Der Mauermüller, die Brautleute und die Hochzeitsgäste kehrten
zurück in den Obstgarten und die Hochzeitsfeier ging weiter. Es sangen die
90 Geigen, es juchzte die Klarinette, der Dudelsack quäkte, der Schusterbass
machte schrumm-schrumm dazu. Und Pumphutt? Pumphutt wanderte seines
Weges und pfiff sich eins.

Fortsetzung auf Seite 58

Aufgaben

2. Es gibt viele alte Pumphutt-Geschichten. Kannst du dir vorstellen, warum diese Geschichten so beliebt waren? Notiere mögliche Gründe.

3. Pumphutt-Geschichten verlaufen immer nach einem ähnlichen Schema. Fülle das folgende Schema mit Hilfe der Geschichte aus.

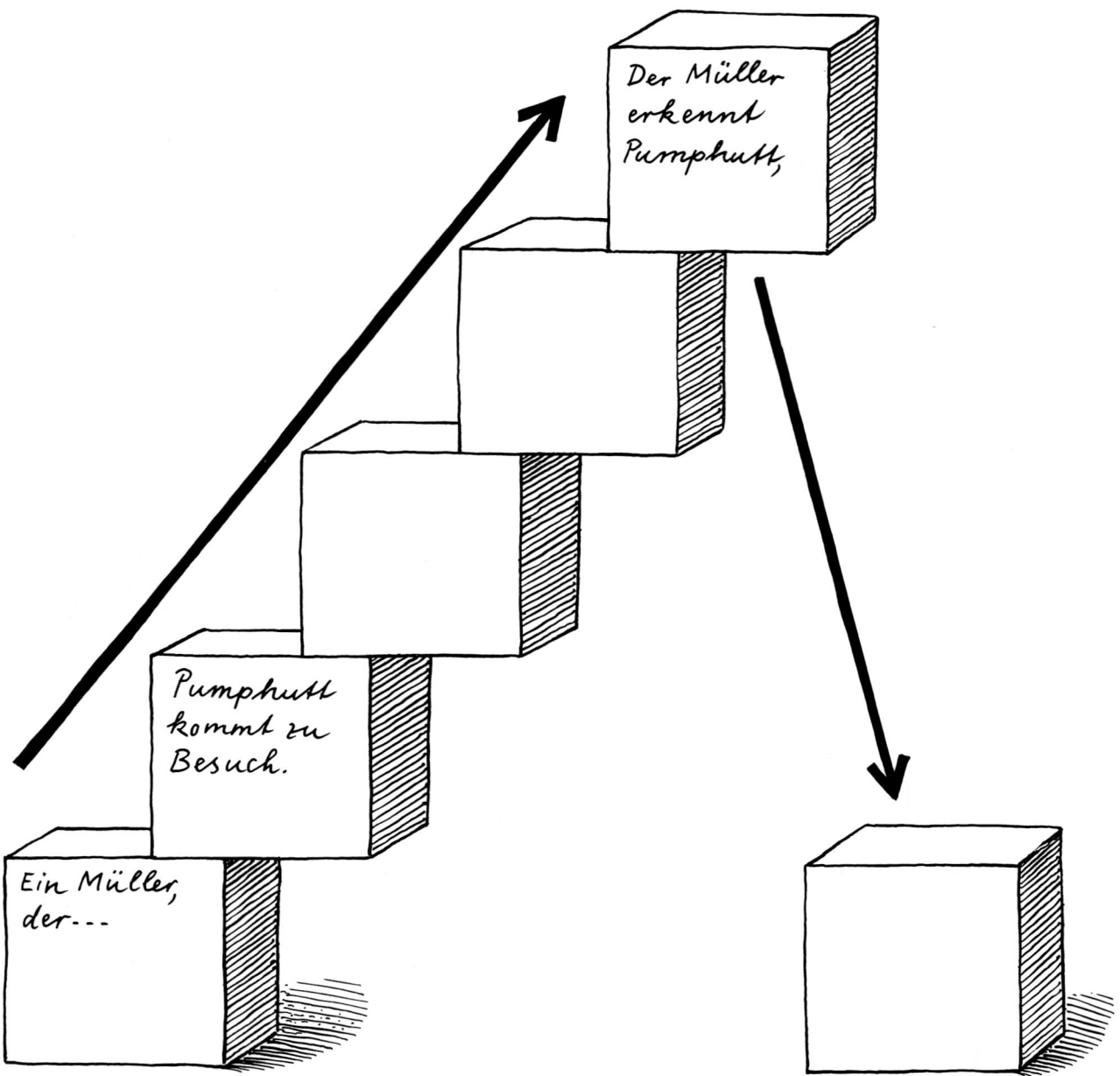

4. Fertige ein ähnliches Schaubild für das Kapitel „Geschichten von Pumphutt" (Seite 125 bis 132) und für das Kapitel „Hahnenkampf" (Seite 151 bis 158) an.

5. Erfinde mit Hilfe des Schemas nun selbst eine Pumphutt-Geschichte.

Zaubern – leicht gemacht!

Zwar werden wir nie so gut zaubern können wie Krabat – wir haben ja keinen Koraktor –, dennoch gibt es kleine Tricks, mit denen auch wir für Verblüffung sorgen können.
Hier siehst du, wie man eine Zaubertüte bastelt:

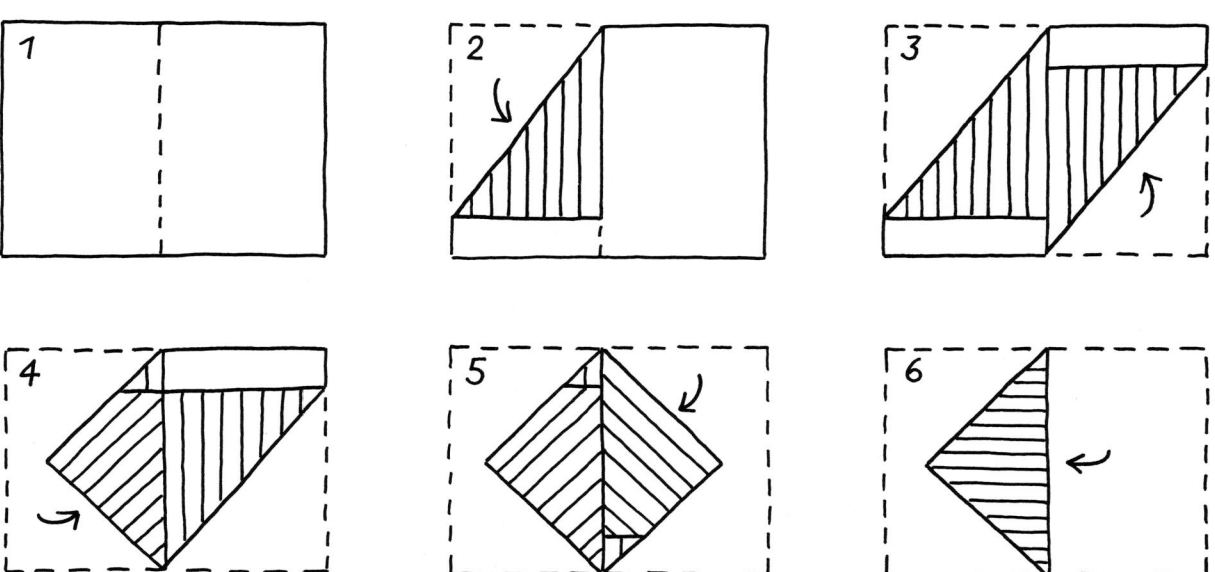

Und so funktioniert der Trick:
Lege eine Münze (am besten die eines Zuschauers) in die eine Öffnung der Tüte. Halte die Tüte dabei am oberen Eck fest. Drehe dann, während du ein paar verwirrende Zauberworte murmelst, die Tüte so, dass die zweite Öffnung oben ist. Wenn du die Tüte jetzt öffnest, ist die Münze weg. Willst du die Münze wieder zurückgeben, musst du die Drehung natürlich wiederholen.

Aufgaben

1. Bastle aus einem DIN-A4-Papier deine eigene Zaubertüte. Probiere sie zuerst für dich, dann vor Publikum aus.

2. Verfasse eine Vorgangsbeschreibung, die den Bastelvorgang so darstellt, dass keine Bilder mehr nötig sind. Denke dabei an die Regeln der Vorgangsbeschreibung:

> REGELN
> Im Unterschied zu einem Bericht wird bei einer Vorgangsbeschreibung kein einmaliges Geschehen dargestellt, sondern ein Vorgang, der stets wiederholbar ist (z. B. ein Kochrezept). Dieser Vorgang muss so beschrieben werden, dass ihn der Leser so klar versteht, dass er ihn nachmachen kann.
> Deshalb ist auf folgende Punkte zu achten:
> – Schreibe alles nacheinander, genau in der richtigen Reihenfolge auf.
> – Schreibe exakt und vollständig; kein wichtiger Schritt darf fehlen.
> – Schreibe ganz sachlich, damit es keine Missverständnisse gibt.
> – Schreibe im Präsens, der Vorgang soll ja immer wiederholbar sein.

S. 9, Von der Sage zum Buch

zu 3: Um das Leben auf der Mühle für seine Leser nachvollziehbar zu machen, schildert Preußler den Alltag der Müllergesellen ausführlich.

Mit Juro und der Kantorka schafft Preußler zwei Figuren, die es ihm ermöglichen, auch die Geschichte einer Freundschaft und eine Liebesgeschichte zu erzählen.

S. 10, Geschichtenerzähler und Schriftsteller

zu 1: In den ersten zwei Absätzen spricht Preußler vom Geschichtenerzählen. Ab „Dies alles kannst du als Schriftsteller leider nicht" spricht der dann vom Schriftsteller.

zu 2: Geschichtenerzähler: Muss und kann genau auf sein Publikum reagieren; kann seine Stimme und Vortragsweise wie ein Schauspieler verändern und ergänzen;

Schriftsteller: braucht Geduld; muss alle Vorteile eines Geschichtenerzählers in den Text hineinlegen; Wortwahl und Satzbau müssen richtig dosiert sein

S. 11, Wie ein Autor arbeitet

zu 2: Preußler erreicht durch seine Kürzungen eine schnelleres Erzähltempo und dadurch auch mehr Spannung.

S. 13, Preußlers Helden

Bild 1: Hexe: „Leider bin ich erst 127 Jahre alt ...";

Bild 2: Gespenst: „Ich stehe immer zur gleichen Zeit auf ...";

Bild 3: Wanja: „Früher hat man von mir immer gesagt ...";

Bild 4: Hotzenplotz: „Eine Kaffeemühle habe ich ja schon ...";

Bild 5: Wassermann: „Was würden deine Eltern sagen ...";

Bild 6: Hörbe: „So jemanden hast du noch nie gesehen?";

Bild 7: Klingsor: „Von Beruf bin ich Lehrer ..."

S. 16, Wer wird Krabat-Meister?

50: Die Heiligen Drei Könige
250: Ein Hufeisen
500: Ostersonntag
1000: Das Halfter
4000: Adler
8000: Vogelmist
32 000: Er will Karriere am Hofe machen.
125 000: Freisprechung
250 000: Halleluja, Hallejuja.
1 000 000: Er zerbröselt Kräuter über einer Kerze.

S. 18, Wer spricht zu wem und warum?

„Wintersaat": S. 191: Der Scholta spricht zum Meister, damit dieser es schneien lässt, denn der Frost verdirbt die Wintersaat.

„Schneller": S. 111: Der Meister zu Krabat in der Kutsche auf dem Weg nach Dresden, bevor die Kutsche fliegt.

„Komm": S. 12: Diese Worte hört Krabat im Traum und sie locken ihn als zukünftigen Lehrling in die Mühle.

„Ich habe gespürt": S. 256: Die Kantorka zur Erklärung, wie sie den verwandelten Raben Krabat erkennen konnte.

„Du kannst ausgehen": S. 210: Angebot des Meisters an Krabat, der ihn testen will.

„Und du bist der Erste": S. 213: Juro gesteht Krabat, dass er heimlich im Koraktor liest.

„Wie kommt denn": S. 64: Ochsenblaschke kauft den verwandelten Andrusch.

„Das mit den Hunden": S. 153: Pumphutt besucht die Mühle und fordert den Meister zum Zauberduell heraus.

„Sollte dir je Gefahr": S. 84: Tonda zu Krabat, dem er sein Messer schenkt.

„Seither": S. 201: Die Kantorka zu Krabat, der sie zum ersten Mal persönlich trifft.

„Krabat": S. 170: Lobosch, als er in die Mühle eintritt und Krabat nicht mehr erkennt.

„So geht": S. 20: Krabat, der als erste Aufgabe die Mehlkammer ausfegen muss.

S. 19, Die Tricks des Meisters

1. Situation: Bettlerjunge Krabat träumt in der Nacht nach dem Sternsingen.
Ziel: Meister will Krabat als Müllerburschen nach Schwarzkollm ziehen, weil in der Neujahrsnacht der Altgesell getötet wurde.

2. Situation: Begräbnis Tondas. Ziel: Mit Aufenthalt in der Mühle und durch die Zauberei wird der christliche Glaube vergessen, damit die Gesellen in Not daraus keine Kraft oder Hoffnung schöpfen können.

3. Situation: Pferdehandel in Wittichenau; Krabat und Juro tauschen die Rollen; Meister tarnt sich als Käufer. Ziel: Meister verhindert Zurückverwandlung Krabats und zeigt, dass sich ihm keiner widersetzen darf.

4. Situation: Krabat hat sich in Kantorka verliebt; Meister schöpft Verdacht. Ziel: Meister will herausfinden, ob Krabat (für ihn, den Meister, gefährlichen) Kontakt zu einem Mädchen außerhalb der Mühle hat.

S. 20, Die Personen und ihre Beziehungen

• Meister tötet Michal und Worschula
• Meister tötet Jirko
• Meister berät August den Starken
• Meister hindert Mertens am Sterben
• Meister will Krabat als Nachfolger
• Krabat will Meister überwinden
• Krabat und Kantorka lieben sich
• Krabat achtet auf Mertens
• Krabat hilft Lobosch
• Kantorka besiegt Meister
• Kantorka befreit Krabat
• Kantorka und Krabat lieben sich
• Tonda beschützt Krabat
• Juro hilft und schützt Krabat
• Lyschko bespitzelt Krabat
• Gevatter ist Herr über Meister
• Pumphutt besiegt Meister

S. 21, Die Personen und ihre Beziehungen

• **Michal:** gutmütig und bärenstark; stirbt an Silvester
• **Tonda:** freundlicher Altgesell; stirbt an Silvester
• **Juro:** scheinbar dumm; klug
• **Lyschko:** Schnüffler
• **Mertens:** gutmütig und bärenstark
• **Andrusch:** Spaßvogel

- **Hanzo:** kräftig; mit Stiernacken
- **Petar:** Löffelschnitzer
- **Staschko:** Tausendsassa
- **Kito:** griesgrämig
- **Kubo:** schweigsam
- **Witko:** ängstlicher Rotschopf; Ersatz für Tonda
- **Lobosch:** klug, forsch, ehemals Freund Krabats; Ersatz für Michal

Meister: heißt so, weil er eine *Mühle* führt und viel Macht durch seine *Zauberei* hat; will die Mühle übergeben.

Krabat: fleißigster *Schüler* des Meisters; sieht in *Träumen* Teile seines Schicksals voraus. Nimmt den *Kampf* mit dem Meister auf.

Kantorka: Mädchen, das Krabat in der *Osternacht* kennen lernt; besiegt den *Meister* durch ihre Liebe zu Krabat.

Gevatter: trägt am Hut eine *rote Hahnenfeder*; bringt in jeder *Neumond*nacht *Knochen* zum Mahlen.

August der Starke: ist *Kurfürst* von Sachsen

Jirko: Freund des *Meisters*

Pumphutt: wandernder *Müller und Zauberer*

Worschula: Freundin von *Tonda*

S. 22, Der dumme Juro
S. 34: Juro kippt Lyschko den Schweinefraß über, weil dieser nicht will, dass Tonda Krabat hilft.
S. 123: Juro verbrennt Krabat die Hand, weil dieser in der Osternacht Gefahr läuft, nicht in seinen Körper zurückzukehren.
S. 139 f.: Juro zaubert, damit der Meister ihn und Krabat nicht hört und damit er Krabat heilen kann.
S. 194 f.: Juro lässt es schneien.
S. 207/8: Juro weiß einen Zauber gegen Krabats verräterische Träume.

S. 23, Die Macht des Meisters
Die Lösungswörter lauten: Bauern, Gevatter, Kurfürst, Kantorka, Gesellen, Pumphutt, Meister

S. 24, Wie hättest du dich entschieden?
zu 3: Juro, Lobosch, Lyschko

S. 26, Wie Otfried Preußler für Spannung sorgt
zu 1:
- Wind trieb ihm Schneekörner ins Gesicht
- im Hoyerswerdaer Forst verlief er sich
- Rindergebrüll, Gejohle der Kinder
  – Schwarzkollm
  – Schwarzes Wasser
- „Aber –": alter Mann bricht Satz ab; ängstliche Miene des Mannes und Warnung
- ihn fröstelte
- wie ein Blinder im Nebel
- kaltes Licht
- ein mächtiges böses Tier, das auf Beute lauert
- Grabesstille empfing mich und tiefe Finsternis
  – auf Zehenspitzen schlich er
- rote Kerze
- Totenschädel
- wie mit Kalk bestrichen (die Toten wurden früher mit Kalk bestreut)
- schwarzes Pflaster

zu 2:
Namen: Schwarzkollm, Schwarzes Wasser
Bilder, Vergleiche: wie ein Blinder im Nebel; Mühle als ein böses Tier, das auf Beute lauert; Grabesstille
Natur: Nebel, Schnee, kaltes Licht
Sinneseindrücke: Rindergebrüll, Gejohle der Kinder, Stille in der Mühle, Grabesstille, Augen wischen, vergebens Ausschau halten, es wurde rasch finster, Blinder im Nebel, kaltes Licht, tiefe Finsternis, schwarze Kammer nur vom Schein einer Kerze erhellt
Tätigkeiten: Krabat verläuft sich; Krabat schleicht

zu 3:
Beispiel: Krabat ging ein Stück durch den Wald, er konnte nicht viel sehen, dann gelangte er aber auf eine Lichtung. Als er gerade unter den Bäumen hervorkam, machten die Wolken dem Mond Platz. Dieser schien hell und vertrieb die Dunkelheit. Jetzt sah Krabat die Mühle. Da lag sie erhellt vor ihm, eingehüllt von Schnee, offen und einladend, fast sah sie aus wie ein friedlich schlafendes Reh.

S. 27, Zaubereien im „Krabat"
zu 1 und 2:
Drudenfuß: Mal auf der Stirn (düster)
Messer: Tondas Messer; schwarze Klinge bei Gefahr (bedrohlich, ernst)
Rabe: Verwandlung der Gesellen bei der Lektüre des Koraktors (düster bis lustig)
Rote Feder: Hahnenfeder des Gevatters (düster)
Raubvogel: Meister verfolgt Krabat als Habicht (bedrohlich)
Hahnenkampf: Pumphutt und der Meister kämpfen (bedrohlich, aber auch lustig)
Zaumzeug: Meister überlistet Krabat auf Markt (eher lustig)
Fliegende Kutsche: Meister und Krabat auf dem Weg nach Dresden (neutral)

S. 28, Krabat träumt
zu 3:
– Krabat versucht von der Mühle zu fliehen (S. 28–31)
Krabat erkennt im Traum, dass Flucht unmöglich ist
– Freier Platz auf der Stange und Ruf des Meisters (S. 12)
Krabat kommt zur Mühle; Wegweiser zur Mühle
– Drei Fragen an den toten Tonda (S. 103 f.)
Krabat soll seinen Helfer erkennen
– Die Flucht gelingt; Kantorkas „Nein" (S. 180 ff.)
Hinweis auf Rettung und Sieg Kantorkas über den Meister
– Fuchs beißt schwarzem Gockel den Hals durch (S. 249 ff.)
Hinweis auf bevorstehenden Kampf und gutes Ende

S. 30, Krabat liebt die Kantorka
zu 1:
Krabat verliebt sich zuerst in die Stimme der Kantorka (Ähnlichkeit: Von Krabat wird auch gesagt er habe die Stimme eines Kantors); der Eindruck der Stimme wird durch das Sehen verdrängt; das erste Ansprechen schafft bereits ein Bündnis, das durch den Ring (Verlobungszeichen!) gefestigt wird.

Lösungen

S. 34, Der Herr Gevatter
Pflichten Fausts: steter Dienst für Mephisto im Jenseits
Rechte Fausts: kann zu Lebzeiten über Mephisto befehlen
Pflichten des Meisters: muss jede Neumondnacht Knochen mahlen; ist an die Mühle gebunden, solange kein neuer Meister da ist
Rechte des Meisters: muss (außer an Neumondtagen) nicht arbeiten; hat höchste Zauberkraft; ist Herr über die Gesellen

S. 35, Sprüche und Redewendungen rund um die Mühle
– Der dreht seine Mühle …
Jemand ist opportunistisch …
Eine Windmühle …
– Wer zuerst kommt …
Maßgeblich für die Reihenfolge …
Einer der ältesten Rechtssprüche …
– Das ist Wasser auf …
Etwas gereicht jemandem …
Ein Wassermühle kann …
– Sie geben den Leuten …
Jemand betrügt einen …
Müller mussten stets …

S. 36, 37: Krabat als Müllergeselle
zu 2: Folgende Ähnlichkeiten lassen sich feststellen:
– typisches Verhältnis Meister – Lehrjunge (S. 15)
– Wackeln der Mühle (S. 16)
– Arbeiter in der Mühle: Altgesell, Müllerburschen, Mühlknappen (S. 18)
– Arbeit vom frühen Morgen bis zum Einbruch der Dunkelheit (S. 22)
– S. 22: typischer Arbeitsablauf eines Müllers
– Zugang zum Brunnen freischaufeln (S. 23)
– Gefahr durch Grundeis (S. 23)
– Juro übernimmt Aufgaben der Müllerin (S. 24 f.)
– Landwirtschaft nebenbei: Holzfällen und Arbeiten im Wald (S. 34), Torfstechen (S. 80 f.), Hühner, Gänse, Schweine (S. 25)
– schroten und mahlen (S. 34)
– Freisprechung nach Müllerordnung und Zunftgebrauch (S. 99)
– bei Radhub: Einladen der Nachbarsmühlen: nicht so im Koselbruch (S. 144)
usw.

zu 3: Es gibt natürlich zahlreiche Unterschiede. Hier ein paar Beispiele:
– Neumondnächte: Mahlen von Knochen und Schädeln im Toten Gang
– Freitagabend: Verzauberung in Raben und Unterricht im Koraktor
– Neujahrsnächte: Tod eines Gesellen
– Mehlkammer ausfegen
– besonderes Meister-Knecht-Verhältnis: Geschehnisse am Ostersonntag
usw.

S. 38: Krabats Gegend
zu 1: Im Buch werden erwähnt: Schwarzkollm, Hoyerswerda, Koselbruch, Leippe, Wittichenau, Kamenz, Ossling, Maukendorf

S. 41, Die Wenden und Sorben heute
zu 1: weniger Geburten; Auswanderung; Schulschließung; zweisprachige Schulen

S. 44, 45 Der Kurfürst
```
    P
    O   H
S O L D A T E N W E R B E R
C   E   N
H   N   D       K       B
A   S   S       A       E       P
D   S   A       H       T       T   O
O   C   L E U C H T     T  U  R  M
W   H   B F       O     L       Z
I   W   E E       L     E       E
T   E   N I       I     R       L
Z   D   S S       I     L       L
    E   E       C       L       A
  U N G A R N       H           N
```

Seite 46: Das Kirchenjahr und das Mühlenjahr
zu 1: Die Zeit in der Mühle läuft dreimal so schnell wie die Zeit außerhalb der Mühle. Während die Kantorka also einmal Ostern feiert, „feiert" Krabat dreimal. Krabat wird dies auf Seite 100 bewusst. Als er „freigemüllert" wird, wundert er sich, dass seine Lehrzeit schon zu Ende ist. Michal antwortet ihm darauf: „Das erste Jahr auf der Mühle gilt für drei."

S. 49, Mühle im Volkslied
zu 1: Das Wandern ist des Müllers Lust

Das Wandern ist des Müllers Lust,
Das Wandern.
Das muss ein schlechter Müller sein,
Dem niemals fiel das Wandern ein,
Das Wandern.

Vom Wasser haben wir's gelernt
Vom Wasser!
Das hat nicht Ruh' bei Tag und Nacht,
Ist stets auf Wanderschaft bedacht,
Das Wasser.

Das sehn wir auch den Rädern an,
Den Rädern!
Die gar nicht gerne stille stehn
Und sich bei Tag nicht müde drehn,
Die Räder.

Die Steine selbst, so schwer sie sind,
Die Steine!
Sie tanzen mit den muntern Reihn
Und wollen gar noch schneller sein,
Die Steine.

O Wandern, Wandern, meine Lust,
O Wandern!
Herr Meister und Frau Meisterin,
Lasst mich in Frieden weiterziehn
Und wandern.

zu 3: Pumphutt

S. 50, Die Entwicklung der Mühlen
Frage 1: B Die verhältnismäßig größte Veränderung weist sie zwischen 1980 und 1985 auf.
Frage 2: Sie ist leicht gesunken, insgesamt aber konstant geblieben. Sie weist geringe Schwankungen auf.
Frage 3 : C dass es in Deutschland ein „Mühlensterben" gibt.
D dass die Leistungsfähigkeit der Mühlen enorm gestiegen ist.
Frage 4: Da die einzelnen Mühlen wesentlich mehr Getreide verarbeiten, müssen sie sich auch im technischen Bereich stark entwickelt haben, v.a. wenn man davon ausgeht, dass auch zu früheren Zeiten die Mühle niemals still stand („Bei Tag und bei Nacht ist der Müller stets wach").

S. 51, Das geht doch nicht mit rechten Dingen zu ...

In einer Fantasiegeschichte können *seltsame* Dinge geschehen, die in der *Wirklichkeit* so nicht vorkommen. So kann es nicht nur sein, dass Menschen schrumpfen oder *unsichtbar* sind, sondern es ist auch möglich, dass dir plötzlich seltsame *Wesen* begegnen (z. B. eine Hexe oder auch ein sprechender norwegischer Stachelbuckel) oder *Tiere* und Gegenstände zu sprechen beginnen.

Trotzdem musst du darauf achten, dass alles ineinander spielt. Die Personen und die fantastischen Gegenstände sollten zusammenpassen und auch der *logische* Ablauf der Geschichte muss stimmen. So kannst du z. B. als geschrumpfter Schüler nicht so einfach auf einem *Stuhl* Platz nehmen.

Freilich gelten auch hier die üblichen Regeln des Erzählens: der Aufbau (Einleitung, *Hauptteil,* Schluss), der *spannende* Höhepunkt, das Präteritum als Erzählzeit sowie die lebendige und *abwechslungsreiche* Sprache.

S. 55, Krabat und der Pfarrer von Kulow

zu 1: Krabat hat offensichtlich nach dem Verlassen der Mühle seine Zauberkraft nicht verloren, sondern sich damit hohes Ansehen erworben.

zu 2: Auch hier werden die Soldaten als Plage beschrieben.

zu 3: Moral: Man soll die Fähigkeiten von anderen nicht unnötig beanspruchen.

S. 56 bis 58, Pumphutt nimmt einen Müller beim Wort

zu 1: Pumphutt ist beliebt, weil er in seinen Geschichten gerecht ist und den Unterdrückten hilft, was in der Wirklichkeit vielleicht nicht so leicht eintritt.

zu 3: Ein Müller, der reich ist, feiert die Hochzeit seiner Tochter; Pumphutt kommt zu Besuch; der Müller will bettelnden Kindern erst zu essen geben, wenn das Mühlrad von der Welle springt; Pumphutt lässt das Mühlrad von der Welle springen; der Müller erkennt Pumphutt; der Müller verköstigt die Bettlerkinder.

63

Textquellen

S. 18: von den Seiten 191, 111, 12, 256, 210, 213, 64, 153, 84, 201, 170, 20
S. 19: von den Seiten 12, 90, 136f., 210
S. 22: von Seite 212
S. 26: von Seite 14
S. 29: von Seite 242
S. 33: von den Seiten 32 f., 33, 17, 22, 22, 39
S. 34: von Seite 243 f.
S. 53: von Seite 256
Zitiert aus: Otfried Preußler: KRABAT © 1988 by Thienemann Verlag (Thienemann Verlag GmbH), Stuttgart – Wien
S. 6: Interview (gekürzt). Aus: Sagen Sie mal Herr Preußler … Festschrift für Otfried Preußler zum 75. Geburtstag, hrsg. von Heinrich Pleticha © 1998 by Thienemann Verlag (Thienemann Verlag GmbH), Stuttgart – Wien, S. 11–14.
S. 9: Interview (gekürzt). Aus: Otfried Preußler, Zur Entstehungsgeschichte meines Buches „Krabat". In: Otfried Preußler, KRABAT. Schulausgabe mit Materialien © 1988 by Thienemann Verlag (Thienemann Verlag GmbH), Stuttgart – Wien, S. 290–294.
S. 10: Geschichtenerzähler (gekürzt). Aus: Sagen Sie mal Herr Preußler … Festschrift für Otfried Preußler zum 75. Geburtstag, hrsg. von Heinrich Pleticha © 1998 by Thienemann Verlag (Thienemann Verlag GmbH), Stuttgart – Wien, S. 86–88.
S.11: Otfried Preußler zum 50. Geburtstag, hrsg. von Heinrich Pleticha © 1973 Arena und Thienemann Verlag (Thienemann Verlag GmbH), Würzburg und Stuttgart – Wien
S. 13: Leider bin ich … Aus: Otfried Preußler, DIE KLEINE HEXE © 1957 by Thienemann Verlag (Thienemann Verlag GmbH), Stuttgart – Wien;

Was würden deine … Aus: Otfried Preußler, DER KLEINE WASSERMANN © 1956 by Thienemann Verlag (Thienemann Verlag GmbH), Stuttgart – Wien;
Von Beruf … Aus: Otfried Preußler, HERR KLINGSOR KONNTE EIN BISSCHEN ZAUBERN © 1987 by Thienemann Verlag (Thienemann Verlag GmbH), Stuttgart – Wien;
Früher hat man … Aus: Otfried Preußler, DIE ABENTEUER DES STARKEN WANJA © 1983 by Thienemann Verlag (Thienemann Verlag GmbH), Stuttgart – Wien;
So jemand … Aus: Otfried Preußler, HÖRBE MIT DEM GROßEN HUT © 1981 by Thienemann Verlag (Thienemann Verlag GmbH), Stuttgart – Wien;
Ich stehe … Aus: Otfried Preußler, DAS KLEINE GESPENST © 1966 by Thienemann Verlag (Thienemann Verlag GmbH), Stuttgart – Wien;
Eine Kaffemühle … Aus: Otfried Preußler, DER RÄUBER HOTZENPLOTZ © 1962 by Thienemann Verlag (Thienemann Verlag GmbH), Stuttgart – Wien.
S. 36: Alltag und Leben des Müller (gekürzt und leicht verändert). Aus: Johannes Mager, Die Kulturgeschichte der Mühlen. Wasmuth Verlag, Tübingen 1989, S. 124–155.
S. 40: Die Sorben heute: Aus: Jens Schneider, Der Feind hat ein Gesicht. In: Sueddeutsche Zeitung vom 23.4.2002, S. 3.
S. 54: Der Pfarrer aus Kulow. Aus: M. Nowak-Neumann, Meister Krabat, der gute sorbische Zauberer. Domowina Verlag, Bautzen 2001, S 36–39.
S. 56–58: Aus: Otfried Preußler, ZWÖLFE HAT'S GESCHLAGEN © 1988 by Thienemann Verlag (Thienemann Verlag GmbH), Stuttgart – Wien, S. 136–141.

Bildquellen

S. 6, 40, 41, 43: dpa, Berlin
S.9: ullstein bild, Berlin
S. 34, 36, 49: Bildarchiv Preussischer Kulturbesitz, Berlin
S. 38: WITAJ-Sprachzentrum, Bautzen

S. 52: Buchcover: Thienemann Verlag, Stuttgart